juin 2006.

KERGUELEN

Le voyageur du pays de l'ombre

DU MÊME AUTEUR

UNE SOLITAIRE AUTOUR DU MONDE, éd. Arthaud, 1997.

ISABELLE AUTISSIER

KERGUELEN

Le voyageur du pays de l'ombre

BERNARD GRASSET
PARIS

INDE
Îles Laquedives
Andaman et Nicobar
Maldives
Îles Chagos
Sumatra
Bornéo
INDONÉSIE
Java
MER DE JAVA
AFRIQUE
CANAL DU MOZAMBIQUE
Îles Mascareignes
Île Maurice
La Réunion
(Fr.)
MADAGASCAR
OCÉAN INDIEN
AUSTRALIE
OCÉAN INDIEN
Îles du Prince-Edouard
(Afr. du Sud)
Îles Crozet
(Fr.)
Îles Kerguelen
(Fr.)
Îles Heard et
McDonald
(Austr.)
Ride de Conrad
OCÉAN ANTARCTIQUE
ANTARCTIQUE

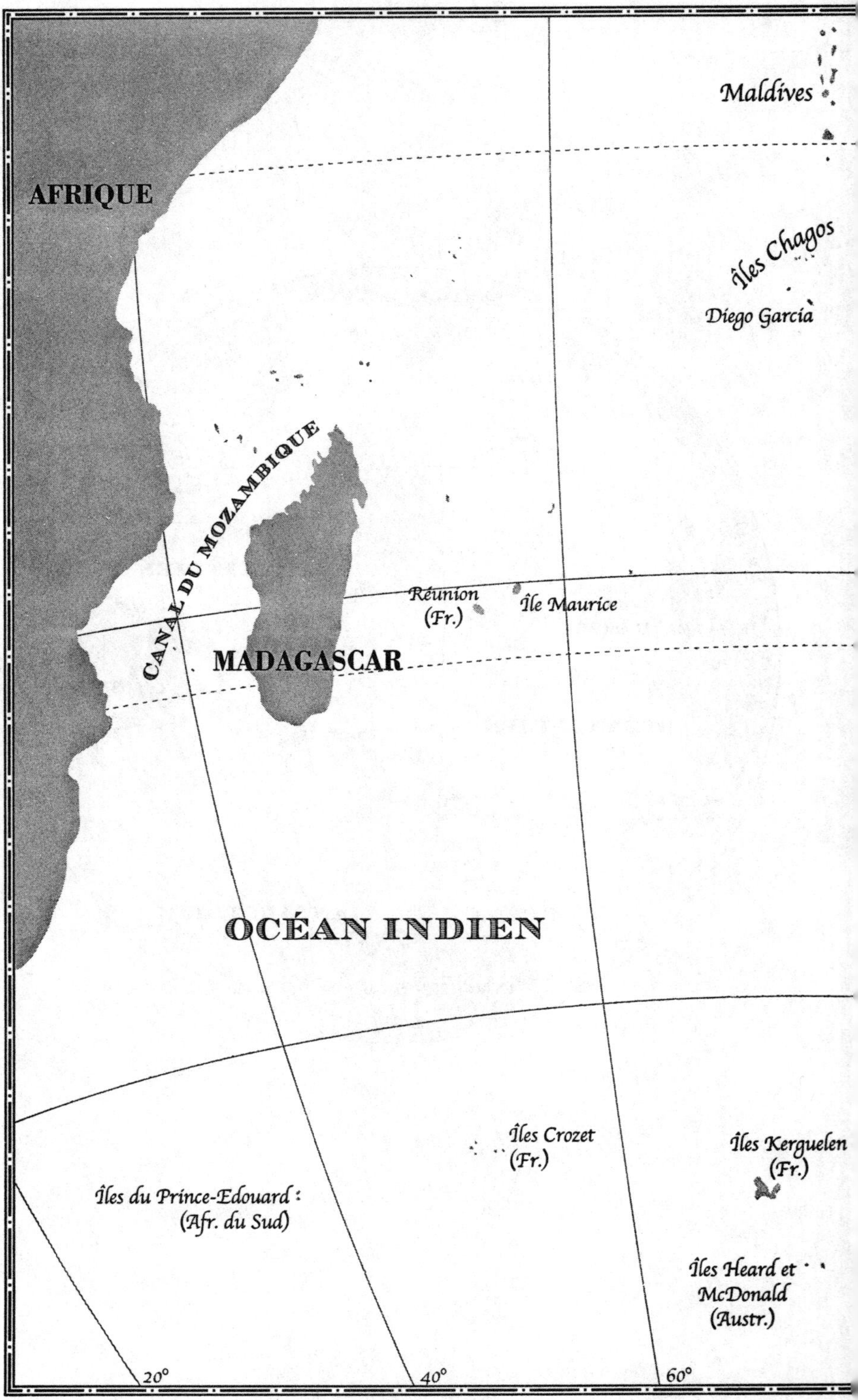
AFRIQUE
Maldives
Îles Chagos
Diego Garcia
CANAL DU MOZAMBIQUE
Réunion
(Fr.)
Île Maurice
MADAGASCAR
OCÉAN INDIEN
Îles Crozet
(Fr.)
Îles Kerguelen
(Fr.)
Îles du Prince-Edouard
(Afr. du Sud)
Îles Heard et
McDonald
(Austr.)
20°
40°
60°

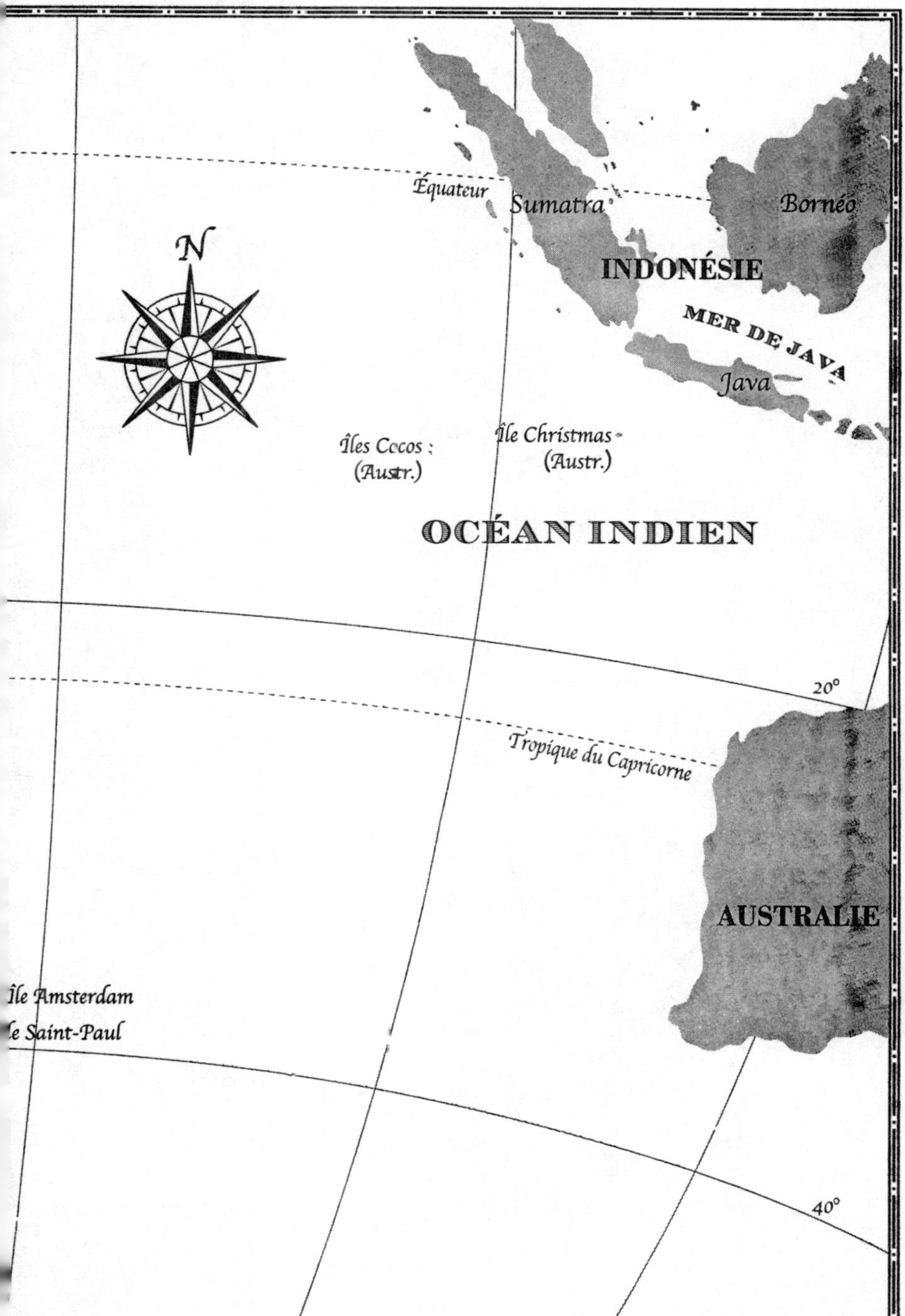
Équateur
Sumatra
Bornéo
N
INDONÉSIE
MER DE JAVA
Java
Îles Cocos
(Austr.)
Île Christmas
(Austr.)
OCÉAN INDIEN
20°
Tropique du Capricorne
AUSTRALIE
Île Amsterdam
Île Saint-Paul
40°
0
1000 km
0
1000 miles nautiques
100°
120°

Chapitre 1

Les sommets de l'île de France[1] s'estompaient en une trace d'un bleu-gris très doux, par tribord du sillage. Une couverture de nuages ronds, placides, s'était formée depuis le départ. On devinait que, derrière, le soleil avait vite décliné et s'approchait de l'horizon. Dans les creux de la houle, l'océan s'assombrissait, laissant luire quelques déferlements inoffensifs. La mer était en paix.

D'un coup d'œil, Kerguelen vérifia que, sur bâbord arrière, le *Gros Ventre* faisait route de conserve, sous huniers et perroquets. Il était seul, debout au couronnement arrière. Au creux de ses mains, il percevait le bois rude dont les échardes lui poinçonnaient légèrement les paumes à chaque fois que le bateau soulageait de sa gîte. Il se concentra sur ce petit bonheur qui lui signifiait qu'il était à nouveau en mer. Ce départ, qui semblait anodin, était pourtant loin d'être comme les autres. En ce soir du 16 janvier 1772, lui, Yves Joseph Marie de Kerguelen de Trémarec,

1. L'île de France, aujourd'hui île Maurice.

commandait l'expédition qui allait bouleverser les connaissances, la géographie et, sans doute, l'avenir du monde.

Dix ans auparavant, en 1763, la France était sortie exsangue de la guerre de Sept Ans. Le désastre militaire avait conduit à signer avec l'Anglais une paix humiliante. De l'Inde, il ne restait que cinq comptoirs. Le Canada était cédé à l'Espagne et l'Angleterre, et des Antilles ne subsistaient que la Martinique, la Guadeloupe et Saint-Domingue. Paradoxalement, le rayonnement de la France était à son zénith. On parlait français de Moscou à Madrid. Paris était la capitale des lettres, des arts et des sciences. Cette forme de revanche ne pouvait suffire. Il fallait penser à repartir à l'assaut de nouveaux territoires. Aux « quelques arpents de neige » canadiens, que Voltaire semblait si peu regretter, ne pourrait-on substituer des terres plus productives, géographiquement stratégiques ? La guerre avait redistribué les cartes des terres connues, il restait les autres, c'est-à-dire l'hémisphère austral.

L'affaire n'était pas nouvelle. Depuis Ptolémée, l'antichtone hantait le bas des mappemondes. Un continent austral devait équilibrer la planète par une masse comparable à celle de l'hémisphère nord. Faute de quoi, la terre, entraînée par son trop lourd pôle boréal, n'aurait fait que chuter dans l'infini du cosmos. Pour les Européens, ce cartésianisme des masses ne faisait aucun doute et pouvait offrir d'alléchantes perspectives d'actions et de découvertes. Mais depuis qu'ils avaient des bateaux capables de s'élancer au-delà de l'horizon, la priorité avait été la route des épices et de la soie, dont les voies terrestres étaient verrouillées par les Arabes. L'une des plus petites nations d'Europe, le Portugal, s'était attelée à la tâche à l'orée de la Renaissance. Portée par l'énergie de son roi Henri, bien surnommé « le Navigateur », le Portugal avait mis cap au sud, gagnant méthodiquement, milles après milles, le long de l'Afrique. En 1487, Bartolomeu Dias en avait doublé la pointe que, dans un accès d'enthousiasme, son roi avait baptisée « Bonne Espérance ». Dix ans plus tard, Vasco de Gama avait enfin offert à son pays la voie maritime vers les Indes. Entre-temps, un dénommé Christophe Colomb, éconduit du Portugal pour ses propositions farfelues, avait atteint les « Indes » par la voie de l'ouest pour le compte de l'Espagne. Les routes qui menaient à ces terres des épices furent rapidement codifiées par les pilotes. Depuis l'Europe, la « volta » faisait prendre la direction du Brésil, puis obliquer vers le sud-ouest pour attraper les vents portant et doubler Bonne-Espérance. Ce faisant, on avait repéré l'îlot de Tristan da Cunha, au milieu de l'Atlantique Sud. Puis la « carrera exterior », que l'on suivait depuis la pointe méridionale de l'Afrique pour atteindre les Indes sur une route sud et ventée, avait permis d'identifier les îles Saint-Paul et Amsterdam, perdues dans les quarantièmes de l'océan Indien.

Mais ces confettis d'empire inabordables ne pouvaient prétendre au statut de continent, pas même d'avant-postes.

Le 8 septembre 1522, dix-sept marins moribonds, rescapés des deux cent soixante-quinze qui avaient accompagné Magellan deux ans plus tôt, arrivèrent à Séville. Ils étaient porteurs de deux formidables nouvelles.

La Terre était bien ronde et ils étaient les premiers à en avoir fait le tour.

L'Amérique était, comme on le suspectait, un continent distinct des Indes. Elle présentait en son sud un passage tempétueux et glacé, nommé canal de Magellan, qui donnait accès à un immense océan plutôt « Pacifique », menant aux vraies Indes et aux îles aux épices.

Ces révolutions mentales et cartographiques incitèrent Oronce Fine, géographe français, à repenser l'affaire du continent austral. Sa mappemonde de 1531 laissait s'immiscer la « Terra Australis » partout où il restait du vide. Il dessina un territoire en forme de patate, centré sur le pôle Sud, présentant deux boursouflures qui remontaient loin au nord, l'une « Regio Brasilio » dans l'océan Indien, l'autre « Regio Patalis » à l'emplacement de l'Australie.

A partir de 1550, l'Espagne et le Portugal peinant à digérer leurs empires, les patronymes des découvreurs devinrent hollandais, puis anglais. Sur la route de l'ouest, empruntée par les marchands et les corsaires pillant le Chili, le Horn fut reconnu en 1615, puis les Falkland et on aperçut la Géorgie du Sud. A l'est, les Hollandais atteignirent l'Australie, la Nouvelle-Zélande et la Tasmanie. D'un côté comme de l'autre, la tenaille se refermait, mais la terre mystérieuse faisait sa coquette, appâtant ses découvreurs pour mieux se dérober ensuite, dans le vide géographique.

La France était entrée tardivement dans la danse, tout occupée qu'elle était de l'Amérique du Nord. A partir du milieu du XVIIe siècle, elle s'était dirigée vers l'océan Indien, avait récupéré l'île de France, s'était installée à Bourbon [1], cassé les dents à Madagascar et avait pris pied aux Indes. Mais il était encore trop tôt pour s'aventurer plus au sud. Ne suffisait-il pas d'assurer ce que l'on avait et d'y tenter des profits monumentaux, au gré des alliances locales et des hasards de la mer ?

La terre australe était pourtant la dernière grande énigme. Pour résister plus que les autres, elle n'en serait sûrement que plus belle et par là même plus rentable. Une telle affaire ne pouvait être laissée aux mains plus ou moins compétentes ou avides des marchands. Il fallait une volonté politique pour se concentrer sur l'objectif, réunir les moyens, aller jusqu'au bout, comme avaient su le faire les Portugais deux siècles auparavant.

La découverte du cinquième continent devenait

1. L'île Bourbon : aujourd'hui île de la Réunion.

une affaire d'Etat. Poussés par l'irrépressible besoin de reculer leurs frontières, deux pays seulement pouvaient aligner à la fois la science maritime, la qualité des savants et les moyens financiers. Deux pays qui joueraient deux siècles durant une partie d'échecs planétaire et qui, l'un comme l'autre, pressentaient que les premières pièces seraient poussées sur mer : l'Angleterre et la France.

Pour porter les couleurs de la France, Kerguelen avait été choisi.

Cette pensée fit monter en lui un mélange de fierté, d'angoisse et d'enthousiasme. Il ne se souvenait pas d'avoir jamais rien ressenti avec cette force. L'importance de l'enjeu, loin de l'impressionner, renforçait son impatience et sa confiance en lui-même. Il s'aperçut que ses mains tremblaient, mais il savait que c'était de bonheur.

A trente-huit ans, la rudesse de la vie maritime ne compensant pas la bonne chère qu'il appréciait avec peu de modération, Kerguelen avait pris une certaine corpulence. Son visage avait perdu sa fine forme triangulaire au profit de bajoues qui le rendaient carré, faisant ressortir le menton comme un signe d'autorité. Il ne détestait pas ce changement, persuadé que le charisme d'un homme s'incarne d'abord dans son physique et que son allure plus massive en imposait mieux aux équipages, comme aux grands commis de la Marine et de l'Etat. Le haut du visage était celui d'un rêveur, un front gagné par une calvitie en V, de grands yeux soulignés par des sourcils abondants, qui, souvent fixés sur l'infini, donnaient la désagréable impression qu'il vous parlait sans vous voir, comme perdu dans un songe. Le bas de la figure, avec sa bouche fine et serrée, reflétait au contraire l'homme d'action, peu enclin à la discussion. Mais le plus notable était son nez qui, bien que rectiligne, pointait carrément vers la gauche et animait l'ensemble d'une étrange dissymétrie, comme s'il penchait perpétuellement la tête, dans une posture observatrice ou expectative.

Depuis le départ du matin, il avait gardé son grand uniforme d'officier du Corps, chemise à poignets et col de dentelle, culotte et gilet rouges à parements d'or, et justaucorps bleu roi, lui aussi lourdement rebrodé. Il avait eu diablement chaud, mais la solennité de cette journée l'imposait. Sortant du dîner de gala qu'il venait d'offrir à ses officiers, il se débarrassa d'un geste de sa veste et de sa perruque sur l'un des coffres de la dunette.

En contrebas, sur le pont, la quasi-totalité des deux cents hommes, désaccoutumés du rythme des quarts, prenaient aussi le frais d'après souper. Dans la pénombre grandissante, il distinguait les groupes assemblés aux taches claires des chemises neuves. Le brouhaha des conversations montait. Deux heures auparavant, Bienboire, le premier maître, avait sifflé pour assembler son monde. Ses officiers en rang derrière lui sur la dunette, Kerguelen avait marqué un long silence, dévisageant les hommes un par un. La plupart d'entre eux le connaissaient déjà. Ils étaient venus avec lui de Lorient sur le *Berryer*, puis avaient fait une campagne aux Indes sur *La Fortune*. Il n'avait aucun besoin de marquer son autorité mais voulait faire peser sur eux aussi l'exception de ce moment. Pendant plusieurs minutes on n'entendit que le chuintement de l'eau sur le bordé ; enfin, Kerguelen prit la parole :

— Marins ! Hommes de *La Fortune* !

» Nous voici cap au sud et vous vous rappellerez toute votre vie de ce 16 janvier 1772 !

» Notre roi nous envoie pour une mission des plus glorieuses, la plus glorieuse, même, de ce siècle. Nous ne sommes en route, ni pour Le Cap, ni pour le Horn, ni pour un proche retour en France, mais pour découvrir la face encore cachée du monde !

» Droit au sud, nous allons reconnaître les Terres Australes, que nos savants et l'Académie royale savent s'étendre près du quarantième parallèle. Jusqu'à ce jour, l'incertitude de la navigation et les tempêtes n'ont pas permis aux nations civilisées d'Europe d'y aborder. Cet honneur nous revient !

» C'est à la France et à notre marine d'éclairer les hommes sur les formes exactes de la terre et de ses continents ! Ces découvertes seront un avantage essentiel pour la maîtrise des mers, le commerce et la guerre. Les Anglais l'ont bien compris, qui sont en train d'organiser un voyage semblable.

Il y eut ici un grognement de colère spontanée de l'équipage et Kerguelen dut forcer sa voix pour le dominer.

— Nous allons gagner les Terres Australes au plus vite, y reconnaître les côtes, y chercher des ports convenables, nous enquérir auprès de leurs habitants des richesses en minerais, cultures, élevages et industries et apporter à leurs rois le salut de notre maître de France.

» Je n'admettrai donc ni lâcheté ni indiscipline et que les tire-au-flanc sachent que les garcettes du fouet peuvent être mises à tremper à tout moment ! Le roi lui-même a les yeux fixés sur nous !

» Hommes de *La Fortune* ! Le nom de notre navire est de bon augure. D'ores et déjà, je promets 20 écus au premier d'entre vous qui verra quelque chose des Terres Australes et 40 s'il s'agit véritablement du continent !

Le grognement fut cette fois de satisfaction.

— Notre campagne sera longue, mais nos navires sont pourvus de tout, il ne tient donc qu'à nous de revenir couverts de gloire. Que Dieu nous vienne en aide, vive le Roi !

Kerguelen laissa des hourras, un peu contraints, s'apaiser et se tourna vers l'aumônier, qui se tenait juste derrière lui.

— Abbé Cornec, bénissez-nous et notre navire !

Quelques rayons d'un couchant orangé s'infiltraient maintenant entre les nuages et l'horizon, rosissant les voiles et donnant aux visages un air farouche.

D'ordinaire on aurait joué un peu aux osselets ou aux cartes avant le bas-les-branles du coucher, mais les physionomies, depuis le discours de Kerguelen, s'étaient fermées. Peu d'hommes avaient navigué au-delà des eaux européennes ou antillaises. La plupart trouvaient que la campagne de l'île de France puis celle des Indes auraient suffi. Des groupes s'étaient formés spontanément autour des plus anciens, ceux qui avaient survécu à plusieurs voyages dans l'océan Indien ou en Amérique. Du haut de leur expérience, ils tenaient leur assistance en haleine, à grands coups de descriptions épouvantables de grêle, de tempêtes arrachant les huniers au bas ris et de déferlantes défonçant les canots et les capots des échelles. A les écouter, c'est plutôt le diable qui allait s'occuper d'eux et son enfer était glacé.

Ceux qui avaient fait, avec Kerguelen, les campagnes de *La Folle* et de *L'Hirondelle* en Islande affichaient au contraire une sérénité légèrement méprisante.

Pas de quoi s'affoler, ils étaient montés, eux, jusqu'à des latitudes frôlant 65° Nord, disait Pellardy le second maître. En été, avec une bonne vareuse, ils n'avaient pas eu de problèmes. Et puis, là-bas, ils trouveraient sûrement des peaux d'ours ou de chiens marins auprès des indigènes pour se fabriquer, comme les pêcheurs islandais, des gilets et de grands pantalons bien chauds avec la fourrure en dedans. Peut-être même que ces pays nouveaux seraient l'occasion de faire pour soi un peu de pacotille, en échangeant une vieille vareuse ou des sabots fendus contre un ou deux pots d'épices. Des matelots, qui n'en rataient jamais une, prenaient déjà les paris sur leurs rations de vin, à savoir quand on verrait le fameux continent et il semblait qu'une durée de huit semaines l'emportait. Bref, personne ne savait, mais l'avenir leur apprendrait bientôt que les pires de ces prédictions étaient encore trop douces.

Kerguelen se détourna de la foule bruyante pour s'attarder à l'arrière du bâtiment. L'île de France avait totalement disparu. Quand et où serait la prochaine terre ?

La nuit tropicale était tombée brutalement, comme toujours. Sous un ciel couvert, le bateau taillait sa route au milieu d'une tiède opacité, qui semblait close comme un ventre. Le sillage paresseux de *La Fortune* se teintait d'une étrange fluorescence persistant sur une centaine de toises[1], comme si la coque enfantait une écharpe lumineuse qui matérialisait les derniers instants de la trajectoire. Kerguelen avait beau savoir que c'étaient de petits corpuscules disséminés dans

1. Une toise vaut près de deux mètres (1,949 m exactement).

l'eau qui dégageaient cette humeur de feu au contact de la coque, il préférait n'y voir qu'un fleuve de particules d'or jaillissant de son navire comme une anticipation de la bonne fortune qui l'attendait. Il restait rêveur, fasciné par la traînée de lumière.

Il pouvait être heureux, il commandait effectivement deux bonnes flûtes. *La Fortune* lui plaisait, plus rapide et d'un moindre tirant d'eau que le *Berryer* avec lequel il était venu de Lorient. Il faudrait certainement manœuvrer vite et en finesse pour échapper aux périls de côtes inconnues, voire à des autochtones hostiles.

En constituant son équipage, il avait réussi à conserver une bonne partie de ses hommes d'Islande et surtout leur maîtrise, Bienboire, Pellardy, et le premier pilote Roussel. Il était capital de pouvoir compter sur ces intermédiaires qui mettaient en mouvement la masse indistincte des marins. Il fallait avoir de l'autorité pour river son clou au pire des gabiers et assez d'humilité pour rester à sa place, aux ordres des officiers. Bienboire, le plus ancien, du haut de ses trente-huit ans, en imposait sans problème avec sa carrure colossale et ses pognes de lutteur. Mais il savait aussi remettre avec tact sur le bon chemin un jeune enseigne, en lui soufflant discrètement la manœuvre à effectuer. Depuis que Kerguelen commandait, on l'avait toujours vu sur le pont, son vieux tricorne enfoncé jusqu'au yeux et le sifflet servant à commander les hommes coquettement porté par un lacet de cuir gravé à son nom. Il vénérait son commandant comme un chien son maître.

A la dunette, Bernard de Marigny servait comme second, un homme sérieux à en être parfois sombre, mais un marin irréprochable qui l'avait accompagné en Islande. Il avait la réputation de savoir conjuguer prudence et hardiesse et inspirait la confiance. A force de milles parcourus ensemble l'estime, entre eux, avait fait place à l'amitié. Il faisait, contre toute attente, une bonne paire avec son autre officier supérieur, de Jassaud, plus fantaisiste, inlassable observateur extasié de la mer et de ses merveilles. De ses trois enseignes, de la Touraille, du Breignou et de Rosily, Kerguelen marquait ouvertement un faible pour ce dernier, de quatorze ans son cadet, qu'il avait vu à l'œuvre deux ans auparavant sur *L'Aberwrac'h*, et considérait comme un petit frère. On sentait poindre chez le talentueux Rosily une ambition que Kerguelen aimait à encourager.

A bord du *Gros Ventre*, l'état-major ne lui inspirait non plus aucune inquiétude, mis à part la santé de son commandant. Louis de Saint-Allouarn venait de passer plusieurs semaines aux portes de la mort, à l'île de France, victime de fièvres putrides. A peine remis, il avait lourdement insisté pour retrouver son poste et participer à la conquête des Terres Australes. Assisté de son parent Boisguehenneuc et de Maingaud, un autre fidèle de *La Folle*, c'était une équipe soudée et compétente. Kerguelen faisait défiler ces visages dans son esprit et se sentait heureux d'être entouré de ces hommes-là. Pouvoir conjuguer l'amitié avec le devoir n'était pas si fréquent. Ces présences chaleureuses, face à l'inconnu, le rassuraient.

Des éclats de voix le tirèrent de sa méditation. Touraille et Rosily montaient l'escalier de la dunette. Marigny, de quart, était passé leur rappeler que l'heure de l'extinction des lampes avait sonné et qu'on ne plaisantait pas sur les risques d'incendie à bord d'un bateau bourré de poudre. L'obscurité les chassait à l'extérieur.

Les deux jeunes officiers étaient aussi dissemblables que possible. Rosily était un grand type un peu sec, au visage allongé, le front déjà gagné par une discrète calvitie. Sa bouche mince, perpétuellement serrée en un sourire crispé, et surtout des yeux qui descendaient loin de chaque côté de la figure, sous des sourcils broussailleux, le faisaient toujours paraître excédé. Touraille au contraire était de taille moyenne avec, déjà, un léger embonpoint. Son visage rond, ses joues couperosées de bon vivant, ses yeux bleus comme des billes sous une tignasse blonde lui donnaient un air d'enfant jouisseur.

Le repas arrosé avait rendu même Rosily volubile. Ils reconnurent la silhouette sombre de Kerguelen et Touraille l'interpella joyeusement.

— Ah, monsieur ! François et moi nous demandions si on avait bien fouillé tout le navire pour s'assurer que l'abbé Rochon ne s'y était pas caché. Nous imaginions son gros nez pointer soudain sous le prélart d'une chaloupe. Il faudrait l'y faire monter séance tenante et le laisser ramer pour rentrer tout seul à l'île de France. Voilà qui justifierait pour une fois son humeur perpétuellement chagrine !

Kerguelen, sans trop se retenir de rire, prit un ton de faux reproche :

— Voyons, monsieur, vous parlez de l'astronome royal, bibliothécaire et membre éminent de notre Académie de marine. Un peu de respect ! Vous avez pu comme moi être juge de sa science de l'observation des astres à bord du *Berryer*. Vous devriez plutôt lui faire votre révérence si vous le croisiez à bord !

Sous la désinvolture du ton, la discussion n'était pas anodine. L'abbé Rochon avait déjà fait l'objet d'innombrables palabres. Il faut dire que l'astronome royal ne pouvait laisser indifférent, à commencer par son visage affublé de cet énorme nez qui se terminait comme un bec d'aigle et de deux grands yeux inquisiteurs. Bien qu'ayant renoncé à son état d'ecclésiastique pour s'adonner à la science il continuait à se faire appeler abbé, sans doute pour mieux en imposer. Ses détracteurs le disaient dévoré d'ambition, calculateur, menteur à l'occasion, obtenant par la ruse ce qu'on lui refusait et surtout doté d'un caractère querelleur et prompt au mépris. Ses amis vantaient son intelligence, sa culture scientifique et, bizarrement, sa sociabilité. Des travaux d'optique, particulièrement sa mise au point d'une lunette achromatique, lui avaient valu un siège et la confiance de l'Académie de marine qui l'envoyait fréquemment en mission. C'est ainsi qu'il s'était retrouvé en compagnie de Kerguelen qu'il aurait dû accompagner jusqu'aux Terres Australes pour en déterminer, du haut de son art, la position précise. Mais entre l'orgueilleux capitaine et l'abbé, qui disait ne prendre ses ordres que du roi, l'antipathie avait été immédiate. La navigation entre Lorient et l'île de France n'avait été qu'une suite d'escarmouches. La position du navire et surtout le calcul de la longitude étaient au cœur de la discorde. En passant le cap de Bonne-Espérance, leurs calculs séparés donnaient jusqu'à 6° d'écart ! Le ton était alors monté et Kerguelen avait assemblé tous ses officiers sur le pont pour marteler qu'il était seul maître à bord. La rivalité avait tourné à la haine.

Au souvenir de cette scène, Kerguelen sentit sa colère contre Rochon ressusciter presque intacte :

— Bon sang, ai-je jamais vu un homme aussi désagréable, empreint de sa supériorité sur la gent maritime, nous traiter tous comme des ignares quand il serait bougrement incapable de faire marcher ce vaisseau ? Non, vraiment, bon débarras ! Il nous aurait encombrés aux Terres Australes et se serait ensuite paré des plumes du paon pour s'attribuer la découverte. Je regrette juste qu'il ait gardé par-devers lui l'horloge n° 6. Elle va nous faire bien défaut et c'était un honneur pour nous d'avoir à bord cette célèbre construction du sieur Berthoud.

Huit horloges seulement étaient sorties des ateliers du génial horloger mécanicien du roi, Ferdinand Berthoud. Et encore, sur les huit, ce perfectionniste avait considéré que seules la n° 6 et la n° 8 méritaient d'être testées à la mer. C'était l'enjeu de sa vie. Si l'un de ses chronomètres réussissait l'exploit de ne pas varier de plus de trois secondes par jour, malgré les vicissitudes de la vie en mer, les changements brutaux de pression, de température, l'humidité et les chocs, il pouvait prétendre aux 20 000 livres de récompense qui attendaient depuis soixante ans, au Parlement anglais, celui qui trouverait la méthode de détermination de la longitude au demi-degré près. Ce n'était pas tant l'attrait de cette colossale fortune qui motivait Berthoud, que l'ambition de prouver que la meilleure méthode pour calculer la longitude était bien la précision horlogère. Autant la connaissance de la latitude était simple, en mesurant l'angle du soleil avec l'horizon, autant la longitude donnait du fil à retordre. Elle était la cause de milliers de retards, d'angoisses et d'erreurs, envoyant navires et équipages à la mort sur des cailloux inattendus. Le drame causé par l'amiral Cloudsley, qui, en ratant l'entrée de la Manche, avait occasionné

2 000 victimes, détermina le Parlement anglais à lancer, dès 1714, le célèbre concours si richement doté. Depuis, il y avait eu florès de solutions géniales présentées par nombre de charlatans. Un jour on proposait d'ancrer, sur tout l'Atlantique, des plate-formes pourvues de fusées éclairantes et de canons qui tireraient à heures régulières. Les navires n'auraient qu'à compter le temps séparant les lueurs des bruits et seraient ainsi renseignés sur leur position. Un certain Dinghy inventa, très sérieusement, la poudre de Sympathie aux propriétés surnaturelles. Il suffisait d'emmener à bord un chien, blessé avant d'embarquer. Ses pansements, laissés à terre, seraient à chaque midi du méridien de Greenwich trempés dans une solution de la fameuse poudre. Par une étrange rémanence le chien, à bord, se mettrait alors à hurler comme si on lui versait de l'acide sur les plaies, donnant ainsi une forme de top horaire.

Finalement les seules méthodes sérieuses qui restaient en concurrence étaient celle des astres et celle de l'heure. Des deux côtés de la Manche, des astronomes comme l'Anglais Maskelyne ou Rochon prêchaient pour des mesures angulaires utilisant la lune et les étoiles. Mais le ciel n'était pas toujours visible et les calculs longs et complexes n'avaient pas la faveur d'officiers souvent peu instruits.

La méthode proposée par Harrison en Angleterre et Berthoud en France était au contraire d'une grande simplicité. Sachant que le soleil parcourt 15° de longitude par heure, la différence entre l'heure zénithale de Londres ou de Paris et celle du lieu où l'on se trouvait donnait immédiatement le résultat. Restaient à résoudre les problèmes de mécanique horlogère, car quelques secondes d'inexactitude entraînaient de grands écarts de position Certains s'étaient émus, à l'Académie de marine, que l'on confiât à l'abbé, farouche adversaire des horloges, le soin de tester la n° 6 de Berthoud, au cours du voyage aux Terres Australes. Mais ses compétences étaient reconnues et l'on espérait de lui une impartialité scientifique. C'était compter sans la jalousie qui virait à la haine entre astronomes et horlogers.

Kerguelen et ses officiers ressassèrent longuement cette affaire. Sous la couverture nuageuse, les conversations semblaient sortir directement du noir de la cloison sur laquelle ils s'appuyaient. Ce soir, première journée à l'assaut des Terres Australes, tous étaient passablement énervés et n'avaient pas encore pris leur rythme de sommeil par quart.

La Touraille s'entêtait :

— Mais, quand même, cette horloge c'est à nous qu'elle était confiée, et par ordre du roi ! N'aurions-nous pas dû l'embarquer... sans l'astronome !

— Sans doute, intervint Kerguelen, Rochon avait assuré au gouverneur de l'île de France, Desroches, qu'il viendrait avec nous, comme il lui était prescrit. Mais il a soudain disparu avant-hier et l'horloge avec lui, sans doute sous la protection de son ami l'intendant Poivre. Nous ne pouvions pas l'attendre, nous sommes déjà à la mi-janvier, la saison australe avance. Allez, je n'ai pas d'inquiétudes, avec nos bonnes vieilles méthodes, une ampoulette et un loch, nous n'allons pas nous perdre !

Rosily se mêla de la conversation :

— Cette disparition doit bien cacher quelque coup fourré ! On dit...

— On dit beaucoup de choses quand on s'ennuie sur les navires du roi !

Kerguelen était mal à l'aise quand il pensait à Rochon mais, vis-à-vis de ses jeunes officiers, il ne pouvait pas laisser manquer trop longtemps de respect à l'astronome du roi. Il était partagé entre le soulagement de ne pas avoir l'acariâtre abbé pour le surveiller d'un air supérieur et l'inquiétude de le savoir à terre, prêt à fomenter quelque complot contre lui.

Sur cette semonce, il bâilla ouvertement, souhaita bon quart à la Touraille et s'éclipsa par l'escalier de dunette. Il lui tardait de se retrouver seul pour savourer encore un peu ce premier soir où s'ouvrait, sous les meilleurs auspices, un univers de possibles qui lui donnait le vertige. Dans sa cabine, les craquements du bordé étaient le seul bruit perceptible. Le vent avait encore faibli. Les hommes et les animaux s'étaient calmés après l'excitation de ce premier jour de traversée. Emporté dans le balancement d'une houle paisible, le navire entrait en sommeil. Il eut du mal pourtant à céder à ce calme. Le souvenir de l'abbé perfide le tarabustait. Il resta longtemps assis dans le noir.

Chapitre 2

Kerguelen travaillait depuis trois ans à ce départ de *La Fortune* et du *Gros Ventre.*

Depuis 1759, après le désastre de la bataille navale des Cardinaux, la marine française était inexistante. Quand il y a plus d'officiers que de bateaux pour naviguer, il faut se battre pour embarquer et ne pas laisser le ministre vous oublier au fond de votre campagne quimpéroise. Fils d'officier de vieille aristocratie rurale – ne lui avait-on pas seriné qu'un de ses ancêtres servait personnellement le roi Saint Louis –, Kerguelen peinait à se distinguer et commençait à enrager. Si elle était de bonne souche et d'une aisance certaine, sa famille n'en ressemblait pas moins à l'une de ces innombrables lignées de province, vivant de la terre et des alliances locales. Son père était modestement capitaine de garde-côtes, milice hétéroclite plus armée de piques et de faux que de fusils. Yves Marie, le seul garçon, se retrouvait à porter toute l'ambition du nom. Il avait suivi le cursus classique qui conduit du collège des jésuites à l'Ecole des gardes de la Marine. La mort rapprochée de ses parents l'avait laissé à seize ans orphelin et chef de famille, une situation peu propice à contenter ses espoirs naissants. Comment se faire entendre quand nul n'intercède pour vous en haut lieu, quand personne dans votre parentèle n'approche un ministre ou un pair de France, quand on ne bénéficie d'aucun réseau d'obligés ? Il était né trop tard pour avoir pu être pleinement impliqué dans la guerre de Sept Ans, trop jeune pour s'y être illustré par quelque fait d'armes. Seul son talent dans les domaines de la construction navale et de la cartographie lui avait permis de se faire un tant soit peu remarquer. Mais ses mérites ne le faisaient avancer que lentement dans la carrière et il avait compris que l'essentiel tenait surtout à quelques solides alliances. Aussi, dès la fin 1758, lors de son premier et modeste commandement à Dunkerque, il avait soigné son entrée dans les salons où son esprit vif et son enthousiasme firent bonne impression. Bon danseur, beau parleur, plutôt séduisant dans son uniforme d'enseigne de vaisseau, Kerguelen avait croisé la route d'une jeune beauté du Nord, Marie-Laure, frêle porcelaine aux yeux clairs. Amoureux, il sut être convaincant en présentant sa demande et l'avait épousée moins de trois mois plus tard. Sa femme était issue de familles aisées, titrées, apparentées aux puissants lignages de Flandres, les de Bonte et les Coppens.

Il était entré, grâce à elle, dans un cercle de relations qui lui avait bien réussi. C'est à lui qu'il devait son premier commandement sur *Le Sage*, un vaisseau de 64 canons, armé en corsaire, pour une mission aux Antilles. Il n'était âgé alors que de vingt-sept ans. Ce sont encore ces relations qui pointaient derrière ses deux nominations de commandement sur *La Folle* et sur *L'Hirondelle*, pour assister les pêcheurs de morue dunkerquois opérant dans les eaux islandaises. Ces missions au goût d'aventure l'avaient enchanté et il y avait fait montre d'une vraie science nautique. L'ouvrage qu'il publia à son retour reçut un bon accueil à l'Académie de marine. De pareilles promotions ne vous attiraient pas que des amis dans le corps des officiers de la Marine, mais quoi... chacun fait ce qu'il peut ! A trente-deux ans, Kerguelen commençait pourtant à s'inquiéter de piétiner, gâchant ses plus belles années dans des campagnes hydrographiques. Certes, tout était mieux que regarder la pluie tomber et emplir de boue la cour du manoir de Trémarec, mais il se sentait gagné par l'impatience de la gloire.

Trémarec ne pouvait être qu'une diversion, bon pour sa femme et leurs quatre enfants, parfait pour revenir chasser et bavarder en breton avec ses paysans. Il était vite convenu qu'à l'inverse de son père, il s'y ennuyait. Marie-Laure, la jolie blonde qui l'avait tant attiré dans les salons de Dunkerque, était rapidement devenue morose dans cette campagne dont elle ne comprenait même pas la langue. Elle s'était recroquevillée sur sa progéniture et tournée vers Dieu, fréquentant plus l'oratoire de Saint-Yves que les manoirs du voisinage. Son regard s'était alangui et son goût, déjà minime, pour les choses de l'amour complètement tari. Kerguelen n'avait pas fait beaucoup d'efforts, il lui suffisait maintenant que le manoir existât et qu'il y eût sa descendance assurée. Il y revenait avec le plaisir d'un propriétaire, mais sans enthousiasme. Il avait vendu la maison familiale de Quimper pour tenir salon à Brest, au cœur de la ville-port, d'où il bombardait la Marine de mémoires et de projets.

C'est un 24 avril que son destin prit enfin corps alors qu'il sortait, en grand uniforme, de la séance solennelle de l'Académie de marine dont il avait l'honneur d'être membre correspondant.

Sur le parvis, l'air du soir était d'un bleu limpide, presque liquide. Il flottait un relent de goudron frais et de coupe de bois. Il devinait tout l'arsenal s'activant à préparer la saison nouvelle. Tout à coup Kerguelen se sentit malheureux, étouffé dans son justaucorps. A quoi bon ces palabres savants, ces réunions obscures ? Où était la vie, la vraie, celle qui se berce à coups de houle ? L'odeur de l'iode et de la poudre ! Oubliant de faire sa cour à ses influents collègues et de lancer des invitations, il restait figé le nez en l'air. C'est Mannevillette qui le tira de sa méditation.

— Alors, Kerguelen, ça serait une belle journée pour embouquer les passes de la sortie de Brest !

Jean-Baptiste d'Après de Mannevillette ne devait sa carrière qu'à lui-même. Il avait bourlingué dix ans sur toutes les routes maritimes pour le compte de la Compagnie des Indes. Tout en assumant sa tâche de capitaine, il n'avait cessé de s'intéresser à la cartographie, d'observer, de noter, de calculer. Le mélange de cet esprit savant et d'un solide pragmatisme en faisait l'un des rares à pouvoir dresser une carte marine fiable. En 1745, il avait assuré sa réputation en publiant le *Neptune oriental*, que beaucoup surnommaient le « d'Après », un corps de 26 cartes accompagné d'un mémoire commentant les vents et les courants, qui était sur la table de chevet de tous les officiers de la route des Indes.

Toujours employé par la Compagnie, Mannevillette dépouillait maintenant inlassablement les journaux de bord pour enrichir son travail. On le connaissait comme un esprit libre. Il avait continué à correspondre avec ses homologues anglais, malgré la guerre, quand la cartographie pouvait être tenue pour un secret national, opposant à ses détracteurs l'intérêt supérieur de la connaissance.

Kerguelen, touché à vif par la perspicacité de l'apostrophe, se retourna en fronçant les sourcils mais un sourire éclairé de bienveillance arrêta net sa colère. Il aimait d'Après de Mannevillette, ou, plutôt, il le respectait infiniment.

— Eh bien, monsieur, vous dites vrai ! Malgré tout le plaisir que j'éprouve aux travaux de notre assemblée, il fait plutôt un temps à courir la bordée dans ce beau nord-ouest ! Hélas ! Je n'ai aucune réponse aux différents mémoires que j'ai fait parvenir au ministre. Seule m'attend une petite mission de levé de côtes dans la région des Abers.

Mannevillette tenta d'apaiser la frustration évidente de son interlocuteur :

— Pourtant voilà un projet bien utile pour notre Marine. Si de ma modeste place, monsieur, je peux servir vos vues, je m'en flatterai. Venez donc un jour à Hennebont, nous en parlerons autour d'un bon chapon et de quelques bouteilles de bordeaux.

Kerguelen avait mis du temps à répondre à l'invitation.

L'été passé à faire du rase-cailloux ne lui avait pas déplu. Sonder au ras des roches, dans les contre-courants où s'agitaient les longues laminaires, exigeait du talent. Mais cette campagne lui avait laissé un poids inexplicable sur le cœur. Il se sentait une parfaite maîtrise de son art et désespérait d'être sous-employé. Le seul qui le détournait de ce chagrin diffus était Saint-Allouarn, son second, un gros travailleur toujours enjoué et plein de délicatesse. Ils étaient parfaitement complémentaires, l'un flamboyant, l'autre discret.

Octobre commençait à recroqueviller les feuilles à Trémarec, quand il avait pris la route d'Hennebont, sans autre idée en tête que d'échapper à l'inactivité de l'hiver. Mannevillette le reçut dans une vaste pièce encombrée de tables et de guéridons où s'empilaient journaux de bord, cartes et courriers. Par contraste, son bureau couvert d'une sobre cotonnade brune était quasi vide, orné d'un globe porté par un Atlas en noyer finement sculpté. C'était un gros homme, devenu ventripotent depuis qu'il ne naviguait plus, vêtu comme un bourgeois d'un simple velours vert foncé. Kerguelen revit avec plaisir le visage aux paupières lourdes d'où filtrait un regard acéré.

— Alors, mon cher, quel bon vent vous amène ? dit-il en se renversant pesamment dans son fauteuil. Votre campagne de l'été a-t-elle été fructueuse ?

Kerguelen fit un geste évasif de la manche :

— Certes, mais je ne vous cacherai pas que ce travail de fourmi me pèse et que je goûterais plus le pont d'un 74 canons que celui de la pauvre gabarre qu'on me propose !

— Ah ! La guerre ! Toujours la guerre ! repartit Mannevillette. Soyons heureux d'être en paix pour rebâtir notre flotte et notre commerce et puis, n'y a-t-il pas mieux à faire que la guerre ?

Il caressa la mappemonde et lui imprima une légère rotation du pouce. Les continents se mirent à défiler en silence. Il reprit :

— Le duc de Croÿ[1] a bien raison de s'indigner dans son dernier courrier : « Il est honteux qu'on

---

1. Le duc de Croÿ, maréchal de France et lieutenant général des armées, était aussi un passionné de géographie et d'astronomie.

ne connaisse encore que si peu notre boule. » Voilà l'affaire qui devrait mobiliser notre marine ! Le monde, mon ami, le monde nous est encore bien inconnu. Verrai-je, un jour, avant ma mort, une carte de notre monde ?

Mannevillette avait fini sa phrase sur un ton très doux et un silence s'installa dans la pièce. Dans l'embrasure des hautes fenêtres, le soleil de fin septembre pénétrait et mille poussières dansaient dans ses rayons. D'Après considérait le globe, la mince fente dans ses paupières fixait le bas de la sphère, avec comme de l'anxiété, presque de la détresse. Kerguelen y trouva un écho à l'inexplicable tristesse qu'il avait ressentie pendant l'été. Il y tourna donc aussi son regard. Là, le trait de côte, partout ailleurs vigoureux, s'affaiblissait comme une hésitation. L'ombre brouillonne d'un immense continent était figurée autour du pôle Sud, émettant les deux diverticules d'Oronce Fine. Le globe était tourné de telle manière qu'un rayon de soleil l'effleurait, faisant ressortir en lettres noires : « Terra Australis Incognita ».

Kerguelen fut troublé qu'une simple énigme géographique pût engendrer une telle mélancolie chez son ami. Il attaqua d'un ton léger :

— Mon bon d'Après, je vous sens tout d'un coup bien fâché. Savez-vous qu'une bonne guerre ne serait pas sans profit. Il y a plus d'un officier du Corps qui rêve de se dégourdir et rien de tel pour former les équipages, sans compter les bienfaits que la nation peut en tirer...

Pour distraire d'Après et tester une vague idée qui lui trottait dans la tête, il enchaîna :

— Je compte d'ailleurs proposer à Sa Majesté une campagne dans l'océan Indien. Harceler systématiquement les convois anglais de retour des Indes ne me déplairait pas. Il faut attaquer un pays là où cela fait mal : le commerce, l'argent, voilà la cible ! Batavia, la capitale des Indes néerlandaises, pourrait également tomber aux mains d'une flotte d'audacieux...

Mannevillette stoppa assez brutalement ce babillage :

— Kerguelen arrêtez là ! Quoi ! Vous installer comme un vulgaire coupe-jarret, en embuscade ! Si vous tenez tant à arpenter l'Indien et le Pacifique, que ne descendez-vous de quelque vingt ou trente degrés plus au sud ! le Roi vous en sera plus reconnaissant que de vos pirateries. Regardez Bougainville, je ne peux pas dire que son apport géographique soit éminent et pourtant, il a fait un tour du monde qui l'a couvert de gloire. Les Terres Australes, Kerguelen, les Terres Australes, voilà le dernier défi du genre humain ! Découvrir, cartographier, recenser les richesses et les peuples de ces contrées inconnues, quel destin !

Il s'était brusquement levé, son corps massif tanguait comme s'il sentait un pont de bateau sous ses pieds. Il s'empara du globe qu'il mit violemment sous le nez de Kerguelen, lui présentant bas en haut, comme une preuve.

— Croyez-moi, j'aurais encore un peu de santé, je mettrais cap au sud !

Kerguelen resta abasourdi par ce qu'il avait déclenché. Il prit le globe des mains de son ami et l'examina. Bien sûr, il connaissait l'existence du continent austral, ou, plutôt, l'évidence de son existence. On apprenait cela à l'Ecole des gardes de la Marine : les masses des terres émergées, l'équilibre de la planète dans le cosmos, et cetera. La découverte de l'Amérique du Sud avait fait rétrécir la taille du « contrepoids » continental nécessaire, mais il restait de belle taille. Mannevillette avait raison, personne ne s'était risqué dans ces parages. Il lui revint en mémoire que le seul témoignage que l'on en avait provenait du voyage de Paulmier de Gonneville qui l'avait abordé en 1504. Il y avait été poussé par une longue tempête en approchant le cap de Bonne-Espérance, mais avait été incapable de se situer avec précision. Il réussit toutefois à en revenir, ramenant pour preuve Essoméric, un Indien fils de chef, et le souvenir d'un pays de cocagne, couvert de fruits et de gibier et habité d'indigènes amicaux. Son navire ayant été attaqué dans la Manche par des pirates, les hommes avaient pu se sauver, mais on avait perdu les livres de bord qui auraient permis de retrouver ce paradis terrestre. Essoméric, pris au piège, s'était fait à sa nouvelle patrie et avait fondé un foyer. On aurait oublié le périple si, il y avait quelques années de cela, l'un des descendants de

Paulmier, le chanoine Jean, n'avait ressorti cette histoire et ameuté géographes et ministres pour que l'on retournât sur les terres de son aïeul.

Le silence était retombé dans la pièce. Mannevillette, soulagé par son éclat, avait recouvré son allure de sphinx, surveillant le cheminement des pensées sur le visage en face de lui.

— Les Terres Australes, dites-vous ! reprit Kerguelen. Certes les descriptions édéniques de Gonneville sont prometteuses ! Fruits et fleurs, femmes et gibier, voilà qui me changerait de l'austère Islande !

— Tout beau, mon ami, nul ne sait vraiment de quoi ce continent est fait. L'un de nos meilleurs capitaines de la Compagnie des Indes, Bouvet de Lozier a été envoyé en mission en 1738. Vous sortiez à peine des langes, si je puis me permettre. Au voisinage du 55ᵉ Sud au milieu de l'Atlantique, le jour de la fête de la Circoncision, il a trouvé un grand cap qu'il a ainsi baptisé. Mais il a décrit des conditions si épouvantables, entre ouragans de neige et brumes tenaces, qu'il n'a jamais pu débarquer. La Compagnie est ressortie de l'aventure dégoûtée d'investir plus avant. Je ne serais pas surpris que le flambeau des découvertes soit repris par les Anglais, maintenant qu'ils sont débarrassés de la guerre. Mes correspondants m'ont informé qu'un de leurs meilleurs capitaines, James Cook, est parti l'année dernière observer l'éclipse de Vénus, qui sera bien visible depuis Tahiti. Cela devrait permettre de fixer définitivement la distance Terre-Soleil. Mais je parie qu'une fois dans le Pacifique, cet officier que l'on dit bon hydrographe trouvera des ordres secrets pour prolonger sa mission vers le sud. Oui, mon cher Kerguelen, une compétition majeure va s'engager bientôt, si elle ne l'est pas déjà !

La mention de la rivalité avec l'Angleterre avait fait frémir Kerguelen. Une forme de revanche s'offrait à lui après son inaction pendant la guerre. D'Après, toujours fine mouche, l'avait senti et poussa son avantage.

Il lui représenta que Dalrymple, le géographe de George III, par ailleurs gros actionnaire de l'East India Company, enchaînait discours sur discours à la Royal Geographic Society, pour convaincre ses concitoyens de mettre la main sur la « Terra Australis ». Il souligna combien, depuis le retour de Bougainville, le débat sur la Terre Australe avait été relancé ; que le grand Buffon était le fervent défenseur d'une campagne d'exploration ; que le vieux et toujours respecté Buache[1] l'appuyait de toutes ses forces à l'Académie des sciences ; jusqu'au puissant duc de Croÿ, un proche de Sa Majesté, qui se piquait de géographie et agitait les salons.

Kerguelen s'était enfoncé dans le fauteuil et conservait le globe entre ses mains. Sa physiono-

1. Buache fut le géographe de Louis XV.

mie dissymétrique donnait l'impression qu'il louchait légèrement dessus comme un oiseau sur sa proie. Il laissa sa pensée se dérouler à voix haute :

— Buffon, dites-vous, je dois pouvoir aisément être introduit auprès de lui. Savez-vous qu'avec ma sœur Catherine, qui est maintenant une de Marolles, ils sont parrain et marraine d'un même enfant. Grâce à elle et à mon beau-frère, j'ai également été reçu à l'hôtel d'Aiguillon [1] et à celui de Choiseul [2]. Monsieur d'Aiguillon est très proche de Madame Du Barry, à laquelle le roi ne refuse rien. Quant à de Croÿ, je l'ai connu à Dunkerque, pendant la guerre. Je peux me flatter qu'il m'a apprécié et me recevra pour parler d'un tel sujet.

Kerguelen s'échauffait :

— Il ne sera pas facile de trouver de bonnes frégates par les temps qui courent, on va encore me faire lambiner. Mais si Cook est déjà en route, il faut se hâter. Le prince de Soubise est le parrain de Charles, mon premier fils. L'appui d'un pair de France servira nos vues.

Il quitta la sphère du regard et plongea dans celui de d'Après :

— Vraiment, à y réfléchir, j'ai assez de crédit

---

1. Le duc d'Aiguillon, gouverneur de Bretagne, influent à la cour, il sera ministre des Affaires étrangères en 1770.

2. Etienne François de Choiseul fut secrétaire d'Etat à la Marine en 1761 à 1766 puis céda son portefeuille à son cousin, César Gabriel de Choiseul-Chevigny, duc de Praslin.

pour servir cette ambition, il ne me manque que vos connaissances.

Mannevillette soupira d'aise en s'étalant dans son fauteuil.

Dans la voiture qui le ramenait à Trémarec, Kerguelen n'avait cessé de cogiter : aller passer l'hiver chez Catherine à Paris, battre les allées du pouvoir et de l'Académie des sciences et faire le budget pour deux bonnes frégates. Pour réduire les coûts, pourquoi ne pas proposer de reconduire dans le même voyage le sauvage chez lui ? Ce fameux Aoutourou que Bougainville avait ramené de Tahiti. Il avait amusé les salons pendant quelques mois, les dames lui donnaient des sucreries comme à un singe et lui apprenaient le français. Mais la mode était passée et il devenait encombrant. Bougainville avait juré de le ramener dans son île, cela pourrait donc arranger tout le monde. On pouvait aussi penser à une mission couplée pour avitailler l'île de France. Le roi l'avait rachetée à la Compagnie des Indes, incapable de la gérer. Mais il fallait en permanence y acheminer des troupes, du matériel de construction, de culture, et même des vivres, tant les colons semblaient inaptes à assurer leur propre subsistance.

Il réfléchit au mémoire qu'il lui faudrait présenter au ministre Choiseul. Il tenait déjà la phrase d'introduction :

« La découverte des Terres Australes est un des objets les plus importants pour la navigation, l'étendue du commerce et même la puissance de l'Etat. »

Il se sentait maintenant grisé, excité par cet avenir héroïque et sûr de lui. Il lui semblait que cette affaire des Terres Australes était inscrite quelque part dans son être, comme si son destin lui était enfin révélé.

Chapitre 3

La Fortune faisait route depuis trois jours. Quand Kerguelen apparut sur la dunette, ce matin-là, le vent était mort. Il avait bien noté, dans son demi-sommeil, que le bateau était moins appuyé sur sa gîte et balançait maintenant lourdement dans la houle. Le roulis rythmique engendrait des craquements désagréables et le bruit de quelques objets cognant méthodiquement. Il était arrivé maussade sur le pont. La mer était un absolu miroir, au point qu'un groupe d'hommes, penchés au-dessus du bastingage, se regardaient grimacer en ricanant. Il aurait sans doute fait beau sans cette brume qui voilait le soleil et affadissait l'horizon au point qu'il semblait n'y avoir qu'un continuum entre l'océan et le ciel. Dans ce calme cotonneux, chaque bruit portait si loin que l'on entendait des éclats de voix provenant du *Gros Ventre*, immobile à près d'une lieue[1].

1. Une lieue représente 5 556 mètres.

— Faites parer la petite chaloupe, Jassaud, et donnez signal au *Gros Ventre*, pour dire qu'on la lui envoie. Vous ramènerez M. de Saint-Allouarn.

Kerguelen redescendit vers la chambre du conseil, en criant à son domestique :

— Lair, où es-tu, imbécile ! mon habit... le petit uniforme suffira..., ma perruque... et va dire à la cuisine que l'état-major déjeunera ensemble dans la Grande Chambre... et qu'il y aura un invité.

Ce paysage mou et l'immobilité du navire lui tapaient un peu sur le système. D'autres que lui auraient apprécié le répit que donnait le calme ; dormir sans guetter les hurlements du vent, lire, faire un peu de musique sans scrupule, sans avoir l'impression de voler quelque chose au bateau. Mais lui se sentait en prison. Il avait l'impression que l'horizon s'était subitement rétréci pour enserrer le navire dans cette chape cotonneuse, comme un bol renversé sur eux, et que, tout près, de l'autre côté de cette impalpable frontière, de bons vents lui auraient permis d'aller et venir à sa guise.

Une heure plus tard, un petit homme au visage tout en longueur apparut à la coupée en s'exclamant d'un ton affable :

— Bien le bonjour, Yves ! Alors nous voilà plantés comme des choux dans leur sillon, il est bien tôt pour que l'alizé nous quitte !

Saint-Allouarn détonnait toujours dans une assemblée d'officiers de marine. A l'inverse de beaucoup, il était de petite taille, plutôt frêle, le visage fin et régulier. Il n'avait pas la truculence habituelle de son état, mais un humour qui faisait mouche. Il avait surtout une aptitude à évaluer les hommes et à percer leur caractère qui lui permettait de s'imposer sans conflits. Il était, enfin, plus épris de science que de guerre. Ce voyage aux Terres Australes le fascinait, peu lui importait d'y sacrifier sa santé. Kerguelen, descendu de la dunette, étreignit son ami.

— Tu l'as dit ! Mais comment te portes-tu ?

— Ma foi, fort bien, mentit Saint-Allouarn, dont la figure émaciée et pâle démentait le propos.

— Viens, il faut qu'on parle, ensuite il y aura un pâté d'anguille, quelques poulets de la basse-cour et du vin de Beaune.

Il l'entraîna dans la Chambre du Conseil, dont Lair venait d'ouvrir cérémonieusement la porte. C'était une petite pièce agréable, quoique basse de plafond, vaigrée en pin clair mouluré. *La Fortune* n'était qu'une frégate de 24 canons. Les appartements du capitaine y étaient exigus et il restait peu de place entre les deux placards d'angle, la commode, la table en noyer et les coffres servant de banquette. A part Jassaud qui était de quart, tout l'état-major les attendait autour de la table, commentant la carte étalée qui, pointée des positions des jours précédents, indiquait clairement qu'on fonçait vers le sud.

— Que penses-tu de ces calmes, Louis ? attaqua Kerguelen. Ils me rendent malade !

— Toujours aussi patient, hein ! s'amusa Saint-Allouarn. Mais, vois-tu, je pensais que tu profiterais plus de la brise des jours derniers pour gagner dans l'ouest. Il est douteux que nous puissions le faire ensuite. S'il y a continuité entre la découverte de Bouvet et la terre de Gonneville, nous risquons de la manquer.

La remarque était juste. En serrant le vent de plus près vers l'ouest, il aurait suivi une route plus logique, au regard de la position présumée du continent austral. Mais ce choix avait un nom : « Marion-Dufresne ».

Quand Aoutourou, dont Bougainville avait personnellement payé le passage, avait échoué à l'île de France, l'intendant Poivre avait été chargé de trouver un moyen de lui faire achever son voyage. Un ancien capitaine de la Compagnie établi comme planteur avait alors saisi l'occasion ; d'une pierre, plusieurs coups. Si le roi se contentait de lui prêter deux vaisseaux, Marion-Dufresne se faisait fort de ramener le sauvage à la maison mais également, pour s'allier Poivre, de faire une incursion aux Moluques et dérober des plants de muscade et de girofle. Ces cultures, jalousement gardées par les Hollandais, valaient des fortunes et on pouvait envisager de les acclimater aux Mascareignes [1]. Officiellement c'était donc une expédi-

1. Les Mascareignes sont l'ensemble formé par la Réunion, Maurice et Rodrigue.

tion commerciale, mais Kerguelen avait flairé que l'audacieux capitaine, par ailleurs bon géographe, rêvait de lui griller la politesse.

— Malheur à nous, si le *Mascarin* ou le *Marquis de Castries* de Marion-Dufresne passent avant ! Me voyez-vous rentrer à Versailles pour le croiser avec le parement de capitaine de vaisseau sur son habit ! Cela fait deux ans que je cours les antichambres, que je me bats pour que l'on enterre les nouveaux projets de Bougainville ou du vieux Bouvet, pour que nous soyons la seule expédition agréée et financée aux Terres Australes ! Ce n'est pas pour me laisser souffler la place au dernier moment !

Le vent était revenu dès le soir. On avait vu d'abord des plaques de fines ridules, à la surface de l'eau, dont le déplacement erratique faisait jurer les pilotes. Quand elles touchaient le bateau, on sentait la sueur sécher sur la peau en laissant une délicieuse fraîcheur, les voiles tentaient de reprendre leur forme et des lignes de bulles apparaissaient dans le sillage. Les hommes levaient un œil interrogateur vers le maître d'équipage pour guetter un ordre. Mais souvent tout retombait, après quelques minutes, dans un calme pesant. Peu à peu les nappes de vent devenaient plus vastes, plus mobiles et se rejoignaient heureusement pour garder les voiles gonflées. Au quart de l'après-souper, Marigny fit enfin remettre tout dessus et *La Fortune* reprit sa route au sud-quart-sud-ouest, dans un vent qui ne fit que forcir. Au fil des heures, on serra les voiles d'étai, les perroquets et l'artimon et on prit des ris dans les huniers. La nuit, si le temps était brumeux, on envoyait un fanal en haut du mât pour ne pas se perdre et on brûlait des amorces. Les hommes de Rustuel, le maître canonnier, s'activaient à disposer la poudre dans le réservoir et la planchette cannelée réservée à cet effet, pour obtenir la plus grande déflagration possible et la plus haute flamme. Elle illuminait leurs gros visages nostalgiques des combats.

A raison de 25 lieues par jour, on approchait des 30e Sud. Kerguelen paraissait rarement à la dunette. Il demeurait le plus souvent seul dans la Chambre du Conseil. Un commandant se devait d'être rare et il n'aurait pas su quoi répondre aux interrogations sur l'arrivée aux Terres Australes. Comme tout le monde, il attendait, guettant le cri de la vigie. Depuis le gaillard, on entendait souvent le son aigre de son violon.

Bienboire le tira une fin de matinée de sa torpeur en frappant discrètement à sa porte.

— Monsieur, j'ai une mauvaise impression à cause de cette houle qui n'en finit pas d'enfler. Depuis trois jours, elle malmène notre gréement. Les gabiers m'ont alerté et je suis allé voir par moi-même... – Il retardait l'annonce du désastre pour que son commandant ait le temps de se faire à l'idée que quelque chose d'important était arrivé. – Voilà, c'est au niveau des haubans, surtout du grand mât mais aussi un peu de celui de misaine. Je trouvais qu'ils avaient molli. Quand je suis monté aux capelages, je les ais vus déjà bien usés. M'est avis qu'on nous a donné du chanvre échauffé et qu'il a moindre résistance. A chaque coup de houle, voilà un fil qui casse.

Bienboire tournait nerveusement son tricorne dans ses mains.

— Ah, monsieur, à hauteur des trélingages près d'un quart est gâté, les mâts vont fatiguer. Et pour comble, tout le rechange est du même acabit...

Ce que Bienboire avait prévu arriva. Kerguelen explosa de colère.

— Bon Dieu ! Canailles de Lorient ! Tout est de leur faute ! Pas foutus de fournir des cordages corrects ! Et qu'est-ce que M. l'intendant Poivre nous trouve pour remplacer ? Un chanvre échauffé, sorti des cales de je ne sais quel marchand âpre au gain qui se moque du service du roi comme d'une guigne. Si nous dématons à cause d'eux, l'affaire ira loin, crois-moi ! Et d'ailleurs, toi, imbécile, c'est ton travail de veiller à cela !

Le tricorne délavé s'écrasa dans les grosses paumes de Bienboire. Il l'avait pourtant signalé à l'île de France que ce chanvre était mauvais, mais on lui avait dit que c'était ça ou rien. Sans passer de veste, Kerguelen s'élança sur le pont comme un bouledogue, attrapa les haubans et se hissa pesamment jusqu'à la hune de grand mât. Il s'en voulait que son cœur batte si fort, comme une sinistre prémonition. Il aurait aimé revenir une demi-heure en arrière, quand il s'assoupissait dans les bruits familiers du navire. Pour conjurer le sort, il se força à imaginer que tout cela n'était rien et qu'il allait aussitôt redescendre, plaisantant avec Bienboire qu'il aurait traité de vieux fou.

Arrivé à hauteur des trélingages, il ressentit un grand creux à l'estomac. Il lui semblait que, tout à coup, il se vidait de sa substance et de sa force. Les avaries étaient monnaie courante sur un bateau, mais celle-là était rédhibitoire. Déjà certains haubans commençaient à se décommettre, alors que le gréement n'avait que peu fatigué. Ils avaient devant eux au moins trois mois de mer. A ce rythme, tous les câbles de rechange n'y suffiraient pas, surtout qu'ils étaient de la même provenance. Un jour ou l'autre, ils rentreraient dans une méchante vague, de celles qui déferlent jusqu'à l'échelle arrière. Le navire buterait violemment dans la masse d'eau, les mâts recevraient une poussée terrible vers l'avant et on entendrait un formidable craquement... il s'imaginait vivre déjà le dématage, les hommes blessés hurlant, coincés sous une vergue, le pont jonché de bois éclaté. Il ressentit une nausée, ferma les yeux, frissonna. La mission, la découverte, la gloire, tout cela perdu alors que l'on était si près du but ! Il allait rentrer en avouant qu'il n'avait rien fait à cause d'une obscure tâche de routine mal effectuée, d'un fétu de paille dans l'immense dispositif que constituait son entreprise ? Il serait la risée du Corps !

Il repartit sans un mot vers sa cabine, enfila son habit et fit assembler l'état-major dans la Grande Chambre, y compris les maîtres et les pilotes. Il fallait d'urgence gréer des haubans de secours pour soulager l'ensemble et naviguer doucement. On verrait quand le vent mollirait si l'on pouvait faire mieux.

Par la suite, il se renfrogna encore plus. Il n'avait pas envie de débattre du problème en long et en large avec ses officiers. Il se sentait comme pris dans un piège. Par la fenêtre de sa chambre, il passait des heures à regarder les lignes de grains arriver, leurs lourdes masses se pressant d'un seul bloc vers le navire et, en dessous, la mer qui blanchissait sous les rafales. Inconsciemment il se sentait coupable.

Les 35e Sud atteints, la terre ne s'était toujours pas montrée mais la houle d'ouest malmenait de plus en plus le navire. Il ne devait pas y avoir de terres à proximité, car sa faible pente montrait qu'elle voyageait depuis longtemps. Les nuits devinrent fraîches, surtout quand elles étaient claires. Ceux qui ne l'avaient pas perdu au jeu, avant le départ, avaient endossé le paletot en drap vert doublé de toile bleue fourni dans le paquetage. Les autres se contentaient de leur mauvaise vareuse de toile rapiécée. La plupart avaient ressorti les bas de fil et constaté avec colère que les souliers qu'on leur avait donnés étaient rescapés de l'incendie d'un hangar, à Lorient. Le cuir était tout dur et craquelé si bien que l'on avait les pieds trempés au bout de quelques minutes quand il pleuvait, ce qui arrivait de plus en plus souvent.

Personne ne parlait de l'avarie, ni sur le pont, ni à la dunette, comme pour la conjurer. Mais elle pesait sur tous, comme une ombre permanente. A chaque vague un peu trop forte, si le bateau retombait plus lourdement dans le creux, les regards convergeaient vers le gréement et quelques-uns se signaient.

Le dimanche, comme il faisait beau, Kerguelen avait permis que l'on danse sur le pont après la messe. Deux matelots étaient de bons sonneurs et ceux de la garde accompagnaient au fifre et au tambour. A voir les hommes sautiller lourdement en riant, pendant que leurs hardes séchaient dans un frais soleil, on avait peine à croire qu'il y eût un problème.

Kerguelen misait maintenant sur la rapidité. La veille il avait fait mettre en panne pour aller discuter avec Saint-Allouarn. Les Terres Australes ne pouvaient qu'apparaître bientôt ! On ne s'y attarderait pas, juste le temps de reconnaître quelques mouillages et d'établir un contact avec la population, à moins qu'on ne puisse réparer sur place, si l'état des techniques de corderie autochtones le permettaient.

Une deuxième raison incitait Kerguelen à hâter l'opération, c'était la santé des équipages. Herga, le chirurgien-major était venu lui en parler. Il avait noté que plusieurs marins commençaient à avoir la « peau de poule » sur les cuisses et l'intérieur des bras, une mauvaise haleine et même que certains marquaient d'un vilain bleu au moindre coup. C'était une certitude, le scorbut n'était pas loin. La plupart des marins étaient partis de Lorient depuis huit mois maintenant et les escales avaient été courtes. Le scorbut se déclarait, en principe, au bout de quatre mois. Herga avait proposé que l'on doublât la fréquence de la fumigation au brai du faux-pont pour chasser les miasmes qui s'accumulaient et que l'on obligeât les hommes qui paraissaient atteints à se rincer la bouche à l'eau vinaigrée trois fois par semaine. Mais le capitaine comme son chirurgien étaient bien conscients que cela ne ferait que retarder la terrible maladie. Kerguelen mettait cette apparition sur le compte du froid humide qui s'abattait maintenant sur eux. Si les Terres Australes étaient d'un climat agréable, tout le monde se remettrait vite, dans le cas contraire, il ne faudrait pas y traîner si l'on voulait être sûr de garder assez de personnel à la manœuvre. Toutes ces incertitudes lui pesaient, le réveillaient fréquemment. Ce n'étaient plus, maintenant, des idées de victoires qui habitaient ses nuits. Comme son inquiétude interrompait son sommeil, il se souvenait facilement de ses rêves. Il lui semblait qu'il faisait toujours le même. Il partait à cheval de Trémarec, sous la pluie, par le chemin creux mille fois parcouru. Mais au lieu d'arriver à Landudal, il tournait en rond, ne reconnaissant plus les lieux familiers, repassant inlassablement au même endroit. Il finissait par s'éveiller en sueur.

On sondait tous les soirs, mais ni l'un ni l'autre des navires n'avaient encore trouvé le fond. La terre se refusait, jour après jour.

A partir du début de février, le mauvais temps devint la norme. Le vent était le plus souvent du secteur ouest, halant parfois jusqu'au sud-sud-ouest. Il était alors glacial comme si, ayant survolé le pôle, il en ramenait le souffle d'un hiver permanent alors qu'on était au cœur de l'été austral.

Tout le monde souffrait d'onglée et d'engelures. Dans la journée, les hommes qui étaient de repos auraient bien voulu être autorisés à rester dans le faux-pont, mais la maîtrise craignait des disputes et des rixes dans l'obscurité. Aussi personne ne rechignait à travailler car, au moins, on se réchauffait à briquer le pont au sable. S'ils étaient inoccupés, marins et soldats s'entassaient comme une troupe misérable sur le pont de batterie, tout juste protégés des embruns, râlant contre ces garces de Terres Australes qui se faisaient attendre.

Dans le faux-pont, où dormaient les hommes, l'atmosphère était devenue irrespirable. Il n'y avait pas d'autres ouvertures que les panneaux de descente, car le mauvais temps empêchait d'ouvrir les sabords. On avait beau nettoyer tous les jours à grande eau, l'humidité faisait ressortir l'odeur putride de sueur, de moisi et de crasse qui se mêlait à celle des déjections des animaux parqués à l'extrémité. Comme le noir régnait vingt-quatre heures sur vingt-quatre, les rats s'étaient enhardis et couraient sans vergogne. Les hommes rivalisaient à celui qui en attraperait le plus. Pour cela, il fallait rester immobile un petit bout de biscuit sur la poitrine et saisir l'animal, par-derrière, quand il vous montait sur le ventre. Ensuite, les matelots allaient discrètement à la cuisine obtenir qu'on leur fît cuire, en plus de leur gamelle. Les marins haïssaient les rats, mais la viande fraîche n'était pas à dédaigner.

La nuit, la respiration de la centaine de dormeurs condensait sur les flancs du navire et dégoulinait en flaques que les mousses épongeaient après le branle-bas du matin. On ne sortait plus les hamacs et les paillasses pour les sécher car il pleuvait trop souvent. Malgré les objurgations des contremaîtres, il était impossible de changer de vêtements pour dormir au sec. Dans la cohue nocturne du changement de quart, les matelots cassés en deux par le manque de hauteur se faufilaient dans la faible lueur de quelques fanaux, pour s'affaler dans un hamac humide, à peine tiédi par le dormeur précédent. Dans le faux-pont, les hommes endormis côte à côte formaient une masse indistincte, fumante sous l'effet de sa propre chaleur, comme un seul corps recroquevillé. Chacun souffrait, cherchant refuge dans un sommeil haché d'où s'échappaient jurons et plaintes.

Quand le soleil apparaissait, sa lumière était

froide, acérée comme le reflet métallique d'une arme. Elle ne réconfortait ni ne réchauffait. Le reste du temps le ciel roulait des nuages sans fin, que distinguaient seulement des nuances de gris. La mer, par contagion, avait aussi adopté une couleur gris olive, barrée du blanc verdâtre de vagues rageuses.

Au fur et à mesure que *La Fortune* et le *Gros Ventre* s'enfonçaient dans les quarantièmes, une étrange apathie tomba sur les équipages. Il y avait plus que les effets du scorbut qui rend les hommes faibles et maussades, plus que la grogne devant ces conditions de vie misérables. Une chape de désarroi s'était abattue sur les navires. La plupart de ces marins étaient familiers de la route des Antilles ou des Indes, où le beau temps consolait des misères de la mer. Dans l'Atlantique nord, les vaisseaux de Sa Majesté faisaient rarement campagne l'hiver. Cette pluie et la plainte perpétuelle du vent les usaient. Mers de solitude et d'isolement, les quarantièmes poussaient chacun à se murer en lui-même. On n'entendait plus de chants ou de voix de conteurs.

Kerguelen ressentait cette ambiance plus cruellement encore. Cette mission qui aurait dû être triomphale était déjà menacée par les avaries de son navire et la santé des hommes, mais il lui semblait que quelque chose d'autre se mettait en travers de sa route. Quelque chose d'impalpable, qui tenait du sortilège, une sorte d'esprit malin propre au lieu, qui distillait la peur et le découragement. Il se sentait démuni.

La seule consolation venait des oiseaux qui avaient envahi le ciel. Ils apportaient la vie, la grâce et la légèreté. Les marins retrouvaient un certain entrain à essayer de les nommer ou les comparer à ceux qu'ils connaissaient. Au début, on avait vu surtout les petites goélettes à queue fourchue et au vol zigzagant que l'on rencontrait aussi en Islande, et ces minuscules alouettes de mer fréquentes dans les parages du Cap, puis des groupes de satanites qui semblaient marcher sur l'eau du bout des pattes. De si petits oiseaux dans un océan si vaste avaient quelque chose de rassurant. Le soir ils fuyaient vers le sud-sud-ouest ce qui accréditait la thèse d'une terre dans cette direction, peut-être à cent lieues, soit quatre jours en marchant bien.

Les albatros produisirent une forte impression car peu de marins en avaient déjà vu. Les immenses oiseaux planaient sans un coup d'aile, semblant tenir dans un équilibre miraculeux au-dessus de la houle, évoluant comme portés par un invisible courant aérien. Leur énorme bec les rendait effrayants. Coulon et Cliquet, officiers du régiment d'artillerie, tentèrent en vain de faire des cartons. Les grands oiseaux donnaient l'impression d'évaluer parfaitement la portée des tirs et les narguaient, juste à la bonne distance.

Le 5 février les équipages furent mis en émoi. On croisait des plaques de goémon, de cette sorte que l'on voit dans les parages du Cap, comme de grosses cordes sur lesquelles s'attachaient d'interminables feuilles brunes. Pronostics et paris battirent leur plein et les hommes de quart s'usèrent les yeux aux bossoirs.

Deux jours plus tard, il sembla au contraire que les oiseaux étaient moins nombreux, mais on croisa quelques plongeons. Si ces volatiles avaient les même mœurs que leurs semblables de l'hémisphère Nord, alors la terre devait être proche. Bref, une succession de signes contradictoires brouillait les prévisions et agaçait les hommes, avec l'avantage de les tirer de leur apathie. Kerguelen avait infléchi sa route vers le sud-est. Comment aurait-il pu savoir que cet ordre allait les faire tourner autour des îles Crozet, dont Marion-Dufresne venait de prendre possession, au nom du roi, deux semaines auparavant ? A peine plus au sud qu'eux le *Mascarin* et le *Marquis de Castries* faisaient cap à l'est, croisant leur route à angle droit.

En quelques jours, des îles, inconnues depuis la nuit des temps, émergeaient soudain et commençaient à combler le grand vide cartographique.

Les deux voiliers arrivaient aux confins des quarantièmes et les Terres Australes n'apparaissaient toujours pas. Sans le savoir, bien sûr, ils franchirent la convergence antarctique où les eaux glacées en provenance du continent austral s'affrontent à celles, plus tempérées, venant des tropiques. La température chuta encore, presque jusqu'à zéro. Ceux qui s'étaient sentis misérables les jours précédents sombrèrent carrément dans le désespoir. Deux coups de vent successifs malmenèrent le fragile gréement de *La Fortune*. La pluie virait à la neige. Les voiles comme les cordages raidis de froid déchiraient les mains des gabiers. Pour comble le brouillard était permanent. A chaque fois que la vigie en faisait signe on manœuvrait douloureusement pour attendre le *Gros Ventre*, qui risquait de disparaître.

Kerguelen avait décidé, depuis une semaine, de maintenir le moral de l'état-major à force de nourriture. Il venait manger avec eux dans la Grande Chambre et s'était mis à exiger une qualité de service comme si on était encore au mouillage dans les courreaux de Groix. C'était sa manière de dire que tout était normal et se déroulait selon ses plans.

L'office tentait des miracles pour apporter les plats chauds en zigzaguant sur le pont entre les embruns. Rien n'avait donc manqué des deux potages gras et maigre, des entrées de jambon et de cervelas, des viandes, pâtés d'anchois, et morue salée du premier service. On allait attaquer le second service de poulet rôti aux artichauts, servi avec des fèves au beurre d'Irlande. Dehors le temps était épouvantable, il ventait fort de sud-ouest, les grains de neige assaillaient le navire et *La Fortune* dérivait sous misaine seule pour ménager le gréement. Il faisait si sombre dans la Grande

Chambre que Kerguelen avait fait allumer les quinquets des cloisons qui dansaient sur leurs cardans, projetant des ombres folles. Sur les côtés, les toiles qui délimitaient tant bien que mal les couchettes des quatre jeunes officiers s'agitaient dans les courants d'air comme des fantômes.

Les domestiques de la table s'étaient efforcés de garder à ce dîner une apparence normale. Sur le long plateau de chêne, ils avaient tendu la nappe damassée, disposé les assiettes à fil d'or et les couverts en argent de chacun, en maugréant que tout cela allait finir par terre. On avait simplement remplacé les verres en cristal par des gobelets et disposé de gros boudins de sable autour des plats pour les protéger du roulis.

Il fallait parler haut pour couvrir le bruit des lames qui s'écrasaient sur la muraille et faisaient gémir le bordé.

— Lair, dans mon placard ! Va chercher ces prunes à l'armagnac, elles iront à merveille avec les rôtis ! Et puis, n'est-ce pas docteur, l'acidité de ces produits combat le scorbut !

La scène paraissait irréelle. Les dix hommes en perruque devisaient comme dans un salon, tentant de donner le change, tout en contenant assiettes et timbales qui se renversaient régulièrement.

— Certainement, monsieur, en fait ce sont les humeurs acides qui manquent souvent à la nourriture. Les Anglais, dit-on, donnent à leurs hommes de la choucroute, ce n'est sans doute pas une mauvaise idée. Tous les produits au vinaigre, au citron ou à la moutarde conviendraient, s'ils n'étaient chers et difficiles à utiliser pour des équipages entiers.

Kerguelen s'esclaffa :

— J'imagine la grimace des hommes si on leur servait un boujaron de citronnade ou de vinaigre, en lieu et place du vin de Montferrand ! Holà, Bertrand, justement mon verre est vide ! Cette dame-jeanne sera mieux à se renverser dans nos gosiers que par terre !

L'assemblée riait d'une voix forcée. Marigny, parce qu'il pouvait se le permettre, mit fin à la mascarade. Il s'essuya négligemment la bouche et attaqua :

— Alors, mon cher Yves, quel est ton pronostic pour notre arrivée ? Nous voilà aux portes des cinquantièmes. Je ne suis pas sûr que ce soit par ici que Gonneville ait vu ses sauvages nus !

C'était bien la question qui les taraudait tous. On aurait dû être arrivé depuis longtemps. Kerguelen s'accrochait à l'espoir qu'ils avaient pénétré dans un golfe immense et que seule la mauvaise visibilité les empêchait d'en apercevoir la côte. Le vol des oiseaux qui, le soir, partaient dans toutes les directions l'avait amené à cette conclusion. Mais il ne pouvait écarter qu'à cause de ses décisions, on se retrouvait trop à l'est en train de rater l'objectif. Revenir contre le vent vers l'ouest n'était pas envisageable avec leur mauvais gréement.

— Monsieur, s'enquit Touraille, que ferons-nous si nous ne voyons pas de terre ? Poursuivrons-nous vers le Horn ?

— Ceci n'est pas à l'ordre du jour. Il nous faut trouver ce continent, c'est l'ordre du roi. Tous les géographes de l'Europe réunis nous disent qu'il existe et qu'il est immense. Peut-être jouons-nous seulement de malchance. Ce temps exécrable ne peut pas durer éternellement. Haut les cœurs, messieurs, nous n'avons d'autre choix que de vaincre ! Je bois aux Terres Australes !

Kerguelen leva son verre. Un coup de roulis envoya une giclée rouge sang sur la nappe. Les autres y lurent un présage alarmant, mais tous portèrent le toast :

— Aux Terres Australes !

Chapitre 4

Le lendemain, 14 février 1772, le temps se mit au beau et un bon vent de nord-ouest permit de naviguer tout dessus. A part l'horizon encore un peu brouillé l'air était clair, d'une belle transparence. Le ciel dégagé, d'un bleu profond, portait comme seuls nuages d'immenses griffures dans la haute altitude qui scintillaient dans la lumière. Tout dans l'atmosphère était contrasté, éclatant, plein de l'énergie froide et de la puissance du Grand Sud.

Dans la matinée, les hommes poussèrent des hourras en voyant une poule mauve et, deux heures plus tard, des loups marins, signes de terre. Ceux-là nageaient à proximité des navires et laissaient pointer leur petite tête hors de l'eau pour examiner les intrus de leurs gros yeux globuleux. Leur pelage lisse luisait comme de petits éclairs sur la mer grise. Parfois, ils se couchaient sur le dos, les pattes avant croisées sur le ventre comme des bourgeois repus, et se laissaient dériver. C'était un peu agaçant de voir des êtres vivants si indifférents à l'eau glaciale qui torturait les hommes.

Il était presque 18 heures, on allait appeler pour le grand quart. Les groupes commençaient à se former par plats, pour attendre le souper.

Une voix tomba de la hune, éraillée tant elle était forcée :

— Terre ! Terre, par l'avant bâbord !

Une sorte de rugissement collectif y répondit. Tout le monde se précipita au bastingage, en s'interpellant. Les officiers et les maîtres surgirent sur le gaillard d'arrière. Kerguelen fut le dernier. Il prit le temps d'enfiler son uniforme et d'ajuster sa perruque. Il sortit de son étui de cuir la longue-vue qui ne l'avait jamais quitté depuis son premier embarquement, comme garde-marine sur *Le Protée*, vingt ans plus tôt. C'était un cadeau de son parrain le maréchal de Soubise, un bel objet, à trois tirages, au corps gainé de maroquinerie et décoré à l'or. Au-delà de ses grandes qualités techniques, c'était le seul fétiche qu'il s'autorisait. Il l'avait reçu très peu de temps après la mort de son père, comme un viatique. Elle faisait des envieux et lui avait permis d'asseoir, dès le début, sa réputation d'officier savant. Aujourd'hui, elle allait lui apporter les Terres Australes et la gloire.

Effectivement, un petit pâté d'un brun violacé sur l'horizon ne laissait pas de doute. Dans l'est-quart-nord-est, une île était clairement visible, à huit lieues environ.

Une liesse générale s'était emparée du navire. Tout à coup, il n'y avait plus de froid, de vagues vicieuses ou de mâture branlante. Même les malades étaient sortis de l'infirmerie, se soutenant les uns aux autres, déjà ragaillardis. La foule surexcitée s'écarta en saluant, lançant en l'air bonnets et chapeaux, quand Kerguelen rejoignit ses officiers sur le gaillard d'avant. Les lunettes circulaient de main en main et l'avis était unanime.

— Deux petits îlots, le plus grand ne fait pas un quart de lieue de long et cinquante toises de haut au maximum, et ça bouillonne sur leur tribord. Il y a apparence de brisants mais je n'ai jamais été aussi heureux de voir des cailloux, monsieur ! lui glissa Rosily.

Kerguelen prit son temps. Maintenant rien ne pressait, il pouvait savourer ce moment unique. Des terres que nul homme n'avait jamais vues, l'antichambre d'un monde nouveau qui ferait entrer son nom dans l'histoire. Il détaillait, dans l'œilleton, les masses noirâtres et désolées. Rien n'aurait pu être plus beau. Il se retint de crier. Le sens de sa fonction parvint à l'empêcher d'embrasser les officiers qui se pressaient autour de lui. Enfin ! Ils les tenaient !

Il écrasa le poignet de Marigny et les deux hommes se regardèrent longuement. Les mots n'auraient pas suffi. Le regard parlait mieux, qui disait sans retenue les angoisses passées et les espoirs, tout en protégeant la pudeur que se doivent ceux qui cohabitent depuis de longs mois. Ils pensaient à l'unisson et cette connivence ajoutait à leur bonheur.

— Eh, bien, messieurs, voilà des îles qui seront désormais les « îles de la Fortune ». Ce brave navire a bien mérité cela !

Nommer des terres ! Etre le premier à laisser sa trace, marquer pour la postérité ! Kerguelen devait lutter pour conserver une certaine impassibilité, alors que les autres s'abandonnaient bruyamment à leur joie.

— Jassaud, faites signe au *Gros Ventre* qu'il y a vue de terres, un coup de canon et le pavillon blanc à la poupe, qu'il vienne à portée de voix ! Rosily, faites mettre en panne pour sonder, si la sonde ne touche pas à cent brasses[1] nous ferons route sur ces îles, tant qu'il fait jour ! Bernard, viens avec moi, allons jeter un œil à la carte !

Le désir d'action reprenait rapidement le dessus. Avec la terre s'annonçaient de nouveaux dangers, hauts-fonds, courants, houles déferlantes. La plupart des navires se perdent en vue des côtes.

— Et puis le double de vin pour l'équipage, mais faites taire les hommes et veillez à ce qu'ils prennent leur souper normalement avant que tout ne soit renversé dans le foutoir que je vois sur ce pont !

1. La brasse est l'unité de mesure de la profondeur et vaut 1,625 m (soit 5 pieds).

Ils avaient à peine regagné la dunette que les ordres fusaient au porte-voix, répétés par les modulations des sifflets des maîtres. On chantait déjà « Bouline, ha, ha ! Arrache ! » pour rythmer la manœuvre et les gabiers filaient aux cargues.

A la nuit tombante, Kerguelen ordonna de mettre en panne et cria au *Gros Ventre* que l'on tirerait des bords au large jusqu'au jour, sous les deux huniers seulement.

Le ciel était dégagé, couverture noire trouée d'étoiles. La croix du Sud brillait haut, il faisait un froid de gueux et personne ne dormait. L'excitation joyeuse était retombée, venait le temps des incertitudes. A cette croisée des chemins, alors que, dans quelques heures, la réalité pouvait confirmer les espoirs les plus fous, les caractères s'exacerbaient. Breignou voyait déjà des peuples innocents les prendre pour des dieux. Jassaud rêvait seulement d'un petit mouillage sous le vent de îles pour réparer le gréement en paix. Rosily argumentait que ce ne pouvait être la terre de Gonneville. Marigny, enfin, pensait à mettre le navire en configuration, à préparer les chaloupes et les ancres.

Kerguelen avait fait allumer un brasero dans la Grande Chambre et autorisé qu'on y gardât la lumière. Le souper s'était éternisé, mais avait été sobre. Tous se sentaient comme à la veille d'un grand combat.

Lui, ne se coucha pas. Il avait passé une pelisse

sur son habit et un bonnet de laine à la place du tricorne. Il arpentait la timonerie et la dunette pour se réchauffer et calmer son énervement. Dans le silence relatif du bateau marchant à petite vitesse, son pas retentissait comme le battement d'un cœur aux aguets. Il se sentait maintenant partagé, incertain, saisi tantôt de joyeux présages, tantôt d'une angoisse qui lui remontait du fond du ventre. Il se surprit à la superstition. Voyons, s'il comptait trois vagues avant d'arriver à l'extrémité de la dunette, tout irait bien, s'il y en avait quatre... Il accélérait subrepticement le pas...

Il n'y avait peut-être rien d'autre que des îlots solitaires, comme l'étaient Saint-Pierre et Saint-Paul, par exemple, perdus dans les embruns de l'équateur atlantique. Mais non ! On avait vu trop d'oiseaux pour de si petits territoires !

Ou alors la côte serait inhospitalière, inabordable, aussi hostile que les eaux environnantes, et il faudrait rentrer dépité et confus, briser le rêve royal, finir moqué et mis à l'index comme le vieux Bouvet. Non ! L'Islande était à plus de 60° Nord et on y trouvait des cultures, de l'élevage et des hommes. La découverte d'aujourd'hui n'était que par 50° Sud.

Demain, le mauvais temps les surprendrait, les lourds navires iraient s'empaler sur des brisants et leurs hurlements d'agonie resteraient à tout jamais ignorés, sauf des sauvages qui les achèveraient...

Il mettait son inquiétude sur le compte de cet

extraordinaire, au sens propre du terme, qui venait vers lui. Ces mers tristes et menaçantes ne lui semblaient rien augurer de bon. Depuis qu'il les avait pénétrées, il souffrait de la désagréable impression d'être dans un pays de ténèbres, antichambre d'un royaume de mort. Il repensait à son gréement malade, aux hommes mal en point. Partout ailleurs il aurait su faire face. Mais ici, il se sentait impuissant, livré à des forces incompréhensibles et malveillantes. Il s'en voulait de céder à cette appréhension.

Dès que l'aube commença à poindre, il fit tirer le canon pour prévenir le *Gros Ventre* qu'il remettait en route. Lentement, l'horizon parcourut toutes les nuances du gris et, d'un coup, on y distingua la barre sombre d'une haute terre. Celle-ci bouchait maintenant tout l'horizon du nord-est au sud. On avait beaucoup dérivé pendant la nuit. Pas de doute, c'était un véritable continent. Au nord la côte était basse, puis s'élevait vers le sud en de grandes montagnes couronnées de neige et terminées par un cap en lame de couteau.

Rosily fut dépêché en chaloupe chercher Saint-Allouarn et son second afin d'établir le plan d'approche. La belle lumière matinale avait chassé les présages morbides. La Chambre du Conseil était bondée. Saint-Allouarn montrait une bonne humeur paisible et communicative. Tous avaient pourtant remarqué que son teint était encore plus olivâtre que la fois précédente.

— Alors, qu'en penses-tu, Yves, comment veux-tu procéder ? interrogea-t-il.

— De ce que nous voyons, le nord ne m'inspire guère. Cette côte basse, peut-être marécageuse, est synonyme de hauts-fonds et de difficultés pour accoster.

— D'autant que ce vent de nord-ouest pousse à terre et ne rendra aucun abri sûr.

— Oui, tout nous porte à contourner ce grand cap par le sud, pour chercher abri sous le vent.

Kerguelen hésitait, songeant à l'état de ses haubans. Si par malheur il démâtait à proximité de cette côte, il ne donnait pas cher de leur peau. Il proposa donc à Saint-Allouarn de passer devant et de lui faire signe s'il trouvait un refuge. En renfort, il lui offrit son propre canot, solide et tenant vingt rameurs, pour servir d'éclaireur et sonder les baies. Rosily s'offrit à commander ce dernier et Kerguelen fut ravi de lui donner cette occasion de se distinguer.

Saint-Allouarn intervint malicieusement en désignant les élégants souliers à boucle de Rosily.

— Voilà donc les pieds qui vont fouler, pour la première fois, ce sol vierge ! Mon Dieu, monsieur, conservez ces chaussures toute votre vie !

Il fallait ensuite convenir de différents rendez-vous, au cas où le brouillard les séparerait. On était le 14, ils décidèrent de se retrouver jusqu'au 16 à midi par 50° Sud et 57° 30' Est. Pour la suite, Kerguelen s'était penché sur la carte, conscient du côté dérisoire d'un rendez-vous dans cet immense espace vierge conduisant à l'Amérique du Sud et au cap Horn.

— Je serais d'avis de remonter plus nord pour ménager bateaux et équipages. Retrouvons-nous par 46° Sud et 59° Est, puis sur le 40e Sud entre 90 et 96° Est, en espérant qu'il n'y aura pas de terres sur ces positions. Ensuite, nous ferons une escale en Australie où nous pourrons encore nous attendre dans la deuxième quinzaine de mars.

Saint-Allouarn opina. A bord du *Gros Ventre* aussi, le scorbut avait fait son apparition.

Le canot était une lourde embarcation de 10 mètres de long, non pontée, à deux mâts gréés en livarde. Son équipage attitré embarqua et on leur adjoignit huit soldats de la brigade d'artillerie avec leur officier, pour que la prise de possession se fît dans les règles. Rosily était allé passer son grand uniforme. A sa demande, il était pourvu de quatre jours de vivres, au cas où ils resteraient bloqués à terre.

A 7 h 30 du matin, Saint-Allouarn rejoignit son bord. Il étreignit Kerguelen longuement et lui glissa à l'oreille :

— Allez mon ami, sois heureux, l'aventure commence !

Kerguelen le regarda s'éloigner, se demandant subitement s'il n'aurait pas dû aller lui-même prendre les commandes du *Gros Ventre*, pour cette journée historique. Saint-Allouarn agitait joyeusement son chapeau pendant que les hommes souquaient vers son navire. Il ignorait qu'il ne reverrait plus jamais son ami Kerguelen.

Dans un vent de nord-nord-ouest fraîchissant le *Gros Ventre*, précédé du canot, fit route vers le grand cap que Kerguelen avait nommé « Bourbon ». Ils avançaient à petite vitesse, sondant fréquemment. Vue de près, la côte était une sombre merveille. La roche noire dégringolait dans des à-pics invraisemblables où la houle explosait sur des dizaines de mètres de hauteur avec un grondement de canon qui s'entendait depuis le navire. Une fumée liquide d'embruns éclairée par les rayons bas du soleil créait, à son pied, un arc-en-ciel permanent. Si épaisse était la couche d'eau en suspension que la falaise semblait surgir directement de ce parterre de couleurs tendres. En longeant la côte, l'enfilade de caps et de pointes faisait penser à des sculptures d'un gothique flamboyant. Chaque roche avait été tourmentée, torturée, déchiquetée par la pluie et le vent, des millénaires durant. Chaque escarpement était un édifice de murailles, créneaux, parapets, tours insolentes. En arrière-plan, comme une couronne, des dômes enneigés luisaient dans l'azur. Tout semblait minéral et pétrifié. Seuls, des milliers d'oiseaux animaient l'espace. Autour des caps c'était une frénésie de plumes et de becs, qui tachait de clair la roche sombre.

Les hommes du *Gros Ventre*, médusés, regardaient venir à eux cet univers hostile et grandiose.

Ils avaient abandonné leurs travaux de routine et se massaient le long du bastingage. Personne ne parlait. Ils passèrent ainsi entre le cap Bourbon et une île sur tribord, que sa forme fit logiquement appeler « ronde ». Il fallut ensuite remonter contre le vent pour commencer à explorer les échancrures de la côte. L'une d'entre elles paraissait de belle taille, aussi Saint-Allouarn fit-il envoyer les pavillons pour signaler un mouillage possible avant que la côte ne s'interpose pour lui faire perdre de vue *La Fortune*. Kerguelen fit virer de bord pour s'approcher à son tour du grand cap.

— Mon Dieu, que cette terre a vilaine allure ! Espérons qu'elle sera plus avenante au-delà de la pointe ! Mais, après tout, celui qui arrive en hiver dans les parages d'Ouessant pourrait désespérer s'il ne connaissait la rade de Brest, gémit Jassaud.

Kerguelen ne répondit rien, Jassaud oubliait juste que l'on était en été.

En contournant la pointe, un fort courant portait à terre. Pour lui échapper, Saint-Allouarn força l'allure. On avait à peine déferlé les ris que, le vent ayant continué à augmenter, le navire bondit en avant. Il y avait quelque chose de grisant dans cette masse puissante qui gémissait en labourant la mer gris sombre. Deux fortes gerbes s'élevaient à l'étrave en grondant tandis qu'à l'arrière le sillage s'épanouissait. Même les vieux matelots étaient saisis d'émotion, regardant tour à tour la côte menaçante et le gréement qui sifflait de plus en plus aigu.

Aucun, donc, ne vit que l'on avait ainsi rattrapé le canot qui ouvrait la voie. Quand l'homme de hune hurla, il était trop tard pour échapper à la collision. Dans un grand craquement, les ancres du *Gros Ventre* s'accrochèrent aux deux mâts du canot au point de le soulever hors de l'eau. Le petit bateau se trouva poussé à folle vitesse, risquant à tout moment d'être totalement écrasé.

Pendant quelques minutes la confusion fut totale. L'exaltation muette fit place à la cacophonie. Cris et sifflets déchiraient l'air. S'ils s'étaient retrouvés dans l'eau glacée, le sort des vingt hommes aurait été scellé. Rosily eut le discernement de faire abattre son mât de misaine et put ainsi se dégager. Il tremblait autant de peur rétrospective, que de fureur de manquer le débarquement et la prise de possession. Pendant que les marins s'activaient au milieu des espars cassés, il s'était mis lui-même aux avirons avec les soldats. Son habit bleu à parements d'or gisait en boule trempée au fond du bateau et sa veste rouge était déchirée.

Saint-Allouarn, conscient d'avoir trop cherché à forcer le destin, fit mettre en panne. Il était déjà 15 heures, il fallait aller vite pour trouver un mouillage et y mettre à l'abri les deux navires. Il confia donc à Boisguehenneuc, son jeune second, une petite chaloupe, neuf marins et cinq soldats, pour prendre la relève du canot.

Celle-ci ne mesurait guère plus de huit mètres de long. Dans la mer qui enflait, cela lui prit deux heures, voiles et avirons, pour s'approcher de terre. Chaque vague les trempait de ses embruns glacés, les mains et les visages avaient viré au bleu. La baie n'était pas très engageante. Son entrée déferlait sur toute la partie tribord. Scrutant la côte, le sergent Lafortune s'exclama :

— Monsieur, voyez, là-bas ! Cette foule massée sur la plage ! Mon Dieu, ils sont bien des dizaines de mille, tous habillés de noir et blanc.

En effet, au bord de l'eau, on apercevait un grand nombre de silhouettes qui s'agitaient. De loin, on voyait des groupes se déplacer au sein d'une masse compacte, comme sous l'effet de courants contradictoires, sans pouvoir distinguer ce qu'ils faisaient.

— Vous avez raison, Lafortune ! Mais d'où sortent ces gens, je ne vois ici ni ville, ni port ! Que vos hommes se tiennent prêts aux fusils

Boisguehenneuc sortit sa longue-vue et éclata de rire.

— Oh, non ! Vous pouvez ranger l'artillerie, Lafortune ! Imaginez que ce sont des pingouins, des centaines de milliers de pingouins, la plage en est couverte ! Eh bien, messieurs, si nous sommes abandonnés à terre, nous ne manquerons pas de viande. Je vois aussi des lions et des loups marins en grand nombre. Leur chair est, paraît-il, aussi bonne que celle d'un veau, avec un goût de poisson en plus.

Il était plus de 17 heures quand, laissant sur

chaque bord les grandes falaises noires, ils atterrirent sur la plage. Le soleil était descendu derrière les montagnes et le paysage n'avait rien d'engageant. Le sable laissait rapidement place à une étendue herbeuse et marécageuse qui s'élevait, au fond de la baie, en collines brunâtres. Jusqu'à trois cents mètres d'altitude, il y avait encore des taches de végétation, mais au-dessus la roche sombre était à nu et le relief se redressait en strates superposées comme un gigantesque mille-feuille. La vue était ensuite bouchée par des montagnes qui rappelaient les Pyrénées, dont la couverture neigeuse descendait à mi-pente, saupoudrant et soulignant les strates du mille-feuille d'un semblant de sucre glace. Il n'y avait aucune trace de vie ou d'industries humaines.

Boisguehenneuc fit hâter les hommes vers l'extrémité de la plage et les disposa en demi-cercle.

— Au nom du Roi, notre bien-aimé Louis le quinzième, et sur son ordre, prenons ce jour, 14 février 1772, possession de cette terre, ses îles, îlots, dépendances, bêtes et gens, pour qu'ils soient ajoutés au royaume de France ! Soldats, garde à vous ! Saluez !

Les trois décharges successives de mousqueterie firent s'envoler les sternes qui avaient élu domicile dans de petits terriers, à quelques mètres.

— Vive le Roi !

La pelle faillit se casser en creusant la terre grise et dure où l'on enfouit la bouteille dûment cachetée qui contenait le message de prise de possession. N'eût été la pénible navigation pour arriver jusque-là, il semblait bien facile d'agrandir le royaume. Une terre apparemment inhabitée, une cérémonie à la hâte et voilà un point de plus marqué contre l'Anglais. Peu importait que l'on connût la géographie, les habitants, ou même les limites des territoires ainsi annexés. Tout était bon à prendre. Il serait bien temps, ensuite, d'expliquer aux éventuels autochtones qu'ils avaient dorénavant l'avantage d'appartenir au royaume de France et qu'en conséquence, contre le payement d'un tribut en épices, métaux ou travailleurs, ils bénéficieraient de la protection d'un grand roi et des secours de la vraie religion.

A quelques dizaines de mètres, des lions de mer vautrés les uns sur les autres, comme un tas d'énormes boudins, rotaient, éructaient et grognaient à forte voix. Ils s'étaient regroupés dans une mare de boue qui les recouvrait entièrement d'une couche noire et nauséabonde. On ne distinguait leurs têtes que par l'énorme traînée de morve qu'ils rejetaient à grand bruit. A plusieurs reprises, pendant la courte cérémonie, un homme avait pouffé, retenant son rire quand l'un d'entre eux émettait son affreux borborygme, tandis qu'on déroulait le drapeau fleurdelisé. Vexé, Boisguehenneuc autorisa qu'on les tuât et qu'on en chargeât au maximum le bateau. Ce serait d'un bon secours pour les scorbutiques. Laissant le patron de la chaloupe avec ses hommes sur la plage, il prit la tête du détachement militaire pour escalader la colline proche. Il rêvait de trouver quelques signes de civilisation, même rudimentaires, des champs, un troupeau, une cabane, les traces d'un chemin, mais la familiarité des animaux lui donnait l'impression que l'espèce humaine leur était inconnue. Partout ailleurs, les bêtes sauvages fuient l'homme, habituées à être poursuivies et abattues.

Ils pataugèrent dans les bas-fonds, s'enfonçant jusqu'aux genoux dans un terrain spongieux et perdant leurs chaussures. A marche forcée, ils atteignirent en trois quarts d'heure le sommet de l'éminence. Du haut on voyait à trente lieues, mais c'était la même monotonie de terres noires et marécageuses, de collines de pierres enneigées, jusqu'aux contreforts de la montagne. L'impression générale était toujours aussi sinistre. Boisguehenneuc entendit dans le vent une longue plainte miaulée. En braquant sa longue-vue, il aperçut, à l'aplomb d'une falaise, deux de ces oiseaux gris cendré semblables à ceux qu'ils avaient observés en mer. Ils planaient de conserve, parfaitement à l'unisson, effleurant la paroi de leurs ailes. Il pensa que cette terre devait être maudite pour qu'un chant d'amour y sonne comme un cri d'agonie.

Le vent aigre avait refroidi les marcheurs. D'en haut, ils virent trois petits panaches de fumée blanche sortant du flanc du *Gros Ventre*. On tirait le canon pour leur signifier de rallier le bord.

Sur la plage, le carnage battait son plein. Les marins étaient allés chercher les avirons avec lesquels ils avaient assommé une cinquantaine de pingouins. Comme prévu, les animaux n'offraient aucune résistance. Quand un homme pénétrait cette masse dense, piaillante et odorante, il semblait perdu dans une mer de plumes. Les pingouins s'écartaient à peine, se contentant de crier plus fort en battant des ailes et levant leur bec d'un air de défi. Leur seule occupation était de nourrir leurs rejetons en les laissant plonger leur petite tête jusqu'à leur arrière-gorge, d'où ils régurgitaient une bouillie de poisson. Il y en avait de plusieurs sortes. Les plus grands emplissaient par milliers le bas de la plage. Leur ventre d'un blanc éclatant accrochait la lumière déclinante. Sur le dos, leurs plumes grises et noires étaient si serrées qu'on aurait dit une fourrure. Le dessous du bec, le haut du poitrail et surtout deux énormes virgules de chaque côté de la tête étaient d'un orange éclatant. Ceux-là se tenaient serrés les uns contre les autres, l'air méditatif et hautain, à peine troublés par le massacre de leurs congénères. De plus petits nichaient plus haut dans les herbes et se disputaient, à coups de becs accompagnés de cris, les cailloux dont ils faisaient leurs nids. Ils avaient d'immenses sourcils jaune vif. C'étaient eux que l'on avait remarqués de loin, sautillant à la queue leu leu en longues processions, allant et revenant de la mer, d'un air affairé et farceur.

Par bravade, les marins avaient cherché à s'attaquer aux plus gros des lions marins. Les mâles, reconnaissables à leur mufle protubérant, se dressaient sur leur arrière-train en grondant, plus grands que les hommes. Ils se lançaient à l'attaque avec une rapidité surprenante pour leur masse. Leurs gueules s'ouvraient comme des cavernes roses sur de fortes dents qui incitèrent leurs attaquants à se rabattre sur les plus jeunes. Là, c'était pain bénit. Le gros fuseau d'un gris-noir luisant de deux cents livres de viande et de graisse ne cherchait même pas à fuir et n'opposait qu'un regard d'une infinie tristesse aux lames des sabres.

Le canot se révéla trop petit pour ramener toutes les prises. Il ne resta donc, en témoignage du premier passage d'un groupe humain sur ces terres vierges, qu'un tas de bêtes éventrées. Autour on vit rapidement s'affairer les poules mauves, les tourterelles et surtout les grands satanites dont le poitrail se couvrait de sang au fur et à mesure qu'ils fouaillaient les cadavres.

Quand la chaloupe rallia le *Gros Ventre*, le canot de Rosily y était déjà amarré. Il avait réussi l'exploit de redresser ses mâts mais, trop peu manœuvrant, avait dû renoncer à débarquer.

Boisguehenneuc, transi, courut à la Grande Chambre où les autres se réchauffaient déjà avec force soupe grasse. Son domestique lui apporta chemise et veste sèche et le frictionna dans une grosse couverture. Tous les regards se tournèrent vers lui.

— Eh bien, l'Islande doit être un paradis tropical en comparaison ! A part les loups et les lions de mer dont nos chasseurs apprécieraient la graisse, je n'ai vu aucune trace de présence humaine, ni de ressources alimentaires. De l'eau, certes, ce n'est partout que ruisseaux, lacs et marécages, mais rien de plus. La baie a une profondeur correcte pour un mouillage, 40 brasses à l'entrée et 5 au fond, en sable vasard, mais l'atterrissage est délicat à cause de la barre et de la houle qui pénètre jusqu'au fond.

Saint-Allouarn trancha :

— Ce n'est donc pas là que nous irons ce soir. D'ailleurs il fait maintenant trop sombre, restons au large cette nuit, nous réfléchirons demain avec *La Fortune* à une autre stratégie. Mon cher Rosily, je crois que vous allez être notre hôte. Votre navire n'est plus qu'un point dans le sud-ouest, Yves a dû préférer s'éloigner des dangers dans cette obscurité. Rassurez-vous, la table du *Gros Ventre* n'a rien à envier à la vôtre. Je vais vous faire dresser un cadre ici même et vous m'obligeriez en acceptant l'un de mes uniformes, le vôtre a bien souffert.

Le bilan de ce jour était donc plutôt maigre. On espérait de bonnes surprises des explorations du lendemain.

Toute la journée, Kerguelen avait remâché ses doutes. Il avait passé des heures l'œil vissé sur sa lorgnette, au point que, quand une vague explosait plus violemment que les autres sur les falaises, il sursautait en reculant comme si les embruns pouvaient l'arroser. Impuissant, regrettant vaguement de n'être pas aux avant-postes, il sentait monter de l'angoisse, presque de la haine pour cette terre farouche. Il s'enferma dans l'attente, arpentant la dunette sans un mot. Décortiquant les raisons qui lui avaient fait envoyer le *Gros Ventre* en éclaireur, il n'arrivait pas à décider si c'était une erreur ou un choix judicieux.

Quand la gabarre lui avait fait signe qu'un mouillage était en vue et qu'il s'était approché du cap Bourbon, ses craintes de démâtage avaient redoublé. Au large, la houle déferlait, la mer se couvrait de longues traînées de bave au fur et à mesure que le vent fraîchissait. Vers 17 heures, Marigny remarqua les trois coups de canon et le pavillon bleu de ralliement en tête du mât de perroquet du *Gros Ventre.*

— Que sont-ils en train de faire, d'après toi, Yves ? Ils rappellent le canot ?

— Je pense que oui, le mouillage ne doit pas être sûr, maintenant que le vent hale à l'ouest. Il faudra quatre ou cinq heures pour être correctement à l'ancre.

— Attendons que le *Gros Ventre* vienne nous apporter des nouvelles. Je vais faire mettre en panne.

— Non, Marigny ! Laisse courir sur ce bord au sud-ouest ! Ecartons-nous franchement de la côte ! Vois, les courants semblent nous y porter et des brisants s'étendent loin au large. Une mauvaise manœuvre et nous serions dans de sales draps.

Marigny était, lui aussi, agacé par l'inaction. Il fut surpris du peu de combativité de son chef et insista :

— Tu ne veux pas au moins parler à Saint-Allouarn, je suis mort de curiosité. Ont-ils seulement débarqué ?

— Non ! – L'ordre avait été rugi. – Tu ne vois donc pas que la brume tombe ? Je ne vais pas risquer la mission pour quelques états d'âme. Nous avons trouvé cette terre, rien ne presse maintenant, elle nous attendra bien jusqu'à demain et plus encore s'il le faut.

Kerguelen n'avait jamais rudoyé ainsi son ami Marigny, mais il parlait sous le coup d'une sorte d'instinct qui lui ordonnait de se tenir loin de terre. Ses raisons étaient bonnes, mais il sentait obscurément qu'il n'obéissait pas qu'à son cerveau et que revenait, toujours et obsédante, l'impression d'abandon et de mort planant sur ces mers. A cela se mêlait la terrible frustration d'avoir fait ce long et difficile chemin pour ne trouver que des cailloux inhospitaliers. Pour la première fois, il songea que l'exploration terrestre pourrait être reportée.

La nuit fut atroce. Le thermomètre descendit à moins cinq. La mer était très grosse, les embruns gelaient quasiment en vol et arrivaient sous forme de petites aiguilles qui transperçaient les hommes. Certains de ces marins, qui n'étaient pourtant pas des enfants, pleuraient de douleur. Bienboire fit servir la double pour entretenir le moral. Mais l'équipage semblait ressentir le malaise de son commandant et cette démoralisation entamait sa résistance physique. A nouveau Kerguelen ne dormit pas. Il avait maintenant passé plus de trente-six heures sans sommeil.

Au matin, on s'était considérablement éloigné. On ne voyait ni la terre, ni le *Gros Ventre*, et comme le vent avait tourné au nord en amenant la pluie et la grisaille, *La Fortune* fit route toute la matinée à l'ouest-nord-ouest sans voir grand-chose. A midi, on était presque revenu sur la position du matin précédent et Kerguelen repensa à ce rêve où il tournait en rond. La fatigue aidant, il eut peur.

Le navire, deux ris dans ses voiles majeures et trois dans les huniers, titubait d'une déferlante à l'autre, son gréement gémissait à chacun de ces assauts.

A la fin de cette seconde journée, le vent retourna brusquement à l'ouest-nord-ouest, en forcissant jusqu'à la tempête. Le ciel était si bas que les nuages, la pluie et les embruns se confondaient en une mixture glaciale qui obscurcissait l'atmosphère et s'insinuait partout. La mer ne s'élevait encore qu'à six à huit mètres, mais les vagues très cambrées déferlaient comme si elles voulaient mordre. Elles se fracassaient le long du bord, se jetant dans les jambes des hommes qu'elles faisaient tituber. Le vent grondait en continu, modulant dans l'aigu au contact du grèement. L'univers entier était désordonné, agressif et accablant. Seuls les oiseaux faisaient face au vent, se laissant emporter comme des poissons jouant dans le courant d'une rivière.

Kerguelen fit à nouveau virer au large et mettre à la cape. L'idée de s'approcher de cette terre lui donnait presque la nausée. Il était maintenant sûr d'y courir à sa perte. Retrouver le *Gros Ventre* et récupérer Rosily devenait secondaire. Que chacun se garde lui-même !

On tirait au canon toutes les demi-heures, par principe. Mais le grondement du vent furieux éteignait ce son, l'emportant vers les nuages comme un fleuve en crue aurait fait d'une brindille.

La grêle et la neige s'abattirent sur eux. Elles s'accumulaient sur le pont, faisant dire aux marins superstitieux que c'était le linceul de *La Fortune* qu'elles tissaient. On n'avait plus assez de place à l'infirmerie, aussi les malades restaient-ils recroquevillés dans l'entrepont, où Herga, le chirurgien, avait admis que l'on disposât leurs hamacs. Beaucoup d'entre eux n'avaient plus la force de se lever pour aller se soulager aux poulaines, en plein vent. Ils chiaient sous eux et l'odeur, jointe à celle des déjections animales que l'on ne nettoyait plus, était irrespirable.

Durant les deux jours suivants, le vent parcourut plusieurs fois la rose du compas, occasionnant des manœuvres incessantes. Le visage des hommes était gris de fatigue. Malgré cela, il fallut mettre à la cape et dégréer la grande vergue et les mâts de perroquets, pour soulager les haubans parvenus à l'extrême limite de la rupture. Faire descendre sur le pont ces pièces de bois massives de plusieurs centaines de kilos était, en temps ordinaire, une manipulation risquée. Ce jour-là ce fut un calvaire. Trois hommes eurent des doigts écrasés quand les coups de boutoir de la mer précipitèrent les lourds espars sur le pont.

Le 18 vers midi, le vent se stabilisa à l'ouest. Le dîner à la Grande Chambre avait été maussade. Depuis deux jours on mangeait froid car il n'était pas possible d'allumer le feu à la cuisine. Kerguelen se leva brusquement en jetant sa serviette à terre.

— Assez ! Assez ! Rester plus avant serait une folie, Marigny, fais donner un cap au nord ! Finissons-en de ce jeu de massacre !

— Mais, monsieur, intervint Breignou, dont le petit visage de blond marquait aussi cruellement la fatigue, n'attendrons-nous pas le *Gros Ventre* et Monsieur de Rosily ? Ne peut-on profiter de ce vent d'ouest pour faire à nouveau route à terre ?

— Jeune fat, pensez-vous qu'il soit digne d'un bon marin d'user son navire et son équipage, tempête après tempête, jusqu'à ce que l'un et l'autre y périssent ?

— Si le *Gros Ventre* n'apparaît pas c'est peut-être qu'il a besoin de nos secours, qu'il a été jeté à la côte, suggéra Marigny

— Et alors, faut-il que nous connaissions le

même sort ? Qu'adviendra-t-il de notre mission si aucun des deux navires ne revient ? coupa Kerguelen. Quand bien même nous aurions découvert une nouvelle Amérique, cela ne servirait à rien si personne ne peut en porter la nouvelle ! C'est décidé, nous partons d'ici. Ces maudits cailloux ne vont pas s'envoler. Il sera bien temps de revenir les explorer.

— Enfin, ne peut-on longer par le nord ce continent, en direction du cap Horn ? En retournant à des latitudes moins hautes, le froid va s'atténuer, avec un peu de chance nous trouverons une côte plus propice au repos, tenta encore Marigny.

— Bêtise ! Je ne veux plus discuter ! – Kerguelen rugissait presque. – Cap au nord ! Exécution !

Tous quittèrent prestement la pièce. Kerguelen resta seul, devant la table jonchée de nourriture que le roulis renversait. Il écouta la manœuvre d'un air absent, épuisé. Il se sentait vaincu, alors qu'il aurait pu, à juste titre, s'enorgueillir de sa découverte. Mais ces maudits quarantièmes lui avaient volé son bonheur et, maintenant, le chassaient. L'esprit du pays de l'ombre était le plus fort. Il sentait la défaite, comme une reddition à l'ennemi, mais soupira de soulagement en percevant que le navire s'appuyait sur tribord à son nouveau cap.

Il partit s'écrouler sur son lit tout habillé et dormit six heures d'affilée.

Chapitre 5

La décision de rallier directement l'île de France avait été prise dès le lendemain de l'abandon des Terres Australes. Pour respecter les rendez-vous fixés au *Gros Ventre*, il aurait fallu s'engager vers l'est-nord-est, tenter de suivre la côte du pays mystérieux et rejoindre l'Australie.

Kerguelen avait appelé Marigny dans sa cabine. Sortant un ratafia de framboise d'un placard d'angle, il indiqua le siège-caisson à son interlocuteur et s'installa confortablement dans le fauteuil. Il avait rapidement récupéré de sa fatigue et pris soin de faire ranger et épousseter la petite chambre où tout était sens dessus dessous les jours précédents. Il y régnait donc une atmosphère chaleureuse n'eût été les cloisons encore ruisselantes d'humidité.

— Que dis-tu de ce breuvage, Bernard ? C'est ma sœur qui me l'a fait parvenir et il me réjouit autant à chaque fois.

— Voilà une sœur avisée ! s'amusa Marigny en

faisant tourner le liquide rubis dans son verre. Alors que fêtons-nous ?

— La Terre Australe, bien sûr ! Vois-tu j'ai réfléchi tout ce matin, nous allons garder cap au nord, sur l'île de France. L'état du bateau et de l'équipage rend suicidaire tout autre parti. Sans le canot, il n'est pas question de s'approcher d'une côte inconnue, s'entêter jusqu'en Australie, revenir par Batavia nous ferait perdre tant d'hommes que *La Fortune* finirait sans gabiers.

Marigny hocha la tête.

— Oui, finalement, je t'approuve puisque le débarquement était impossible, il ne servait à rien de rester traîner là-bas. Je suis quand même inquiet pour *le Gros Ventre*, Saint-Allouarn est un foutu entêté sous son air jovial. Je ne serais pas étonné qu'il ait pris des risques. En tout cas, je ne comprends pas que nous n'ayons pas entendu le moindre coup de canon au lieu de rendez-vous.

Kerguelen s'enfonça encore dans le fauteuil comme s'il devisait dans un salon mondain.

— Tu as bien vu cette boucaille d'embruns, le *Gros Ventre* serait passé à un quart de lieue qu'on l'aurait raté tant le bruit des déferlantes couvrait déjà nos voix. Allez ! Ce n'est pas la première fois que deux conserves sont séparées. J'ai confiance en lui, il est pourvu de huit mois de vivres et, comme tu le dis, il a notre canot. Je ne serais pas surpris qu'il fasse le même raisonnement que nous et qu'il ne réapparaisse, quand nous serons à peine au mouillage à Port-Louis[1].

— Peut-être, mais je donnerais ma chemise pour savoir ce qu'ils ont rencontré ! Auraient-ils pu croiser des sauvages, d'après toi ?

Kerguelen fixa pensivement sa liqueur.

— A vrai dire, je ne crois pas. Songe que nous sommes au cœur de l'été, vois le temps abominable que nous subissons depuis tant de jours. Seule une grande nation aurait pu affronter ces mers. Nous aurions alors aperçu des traces de civilisations, au moins des fumées, des édifices. Je ne crois pas ces terres habitées, en tout cas, pas dans les parages que nous avons aperçus. Par contre, je les verrais bien aptes à la culture et, pourquoi pas, riches en minerais ou en gemmes. Les fonds de vallées paraissaient d'un vert encourageant. J'imagine que certains anciens d'Acadie pourraient faire rendre à ces terres de bons boisseaux d'orge, peut-être de blé, ou s'adonner à l'élevage. Les établissements de chasse et de pêche devraient aussi être d'un bon rapport. Qui sait si ces quelques arpents de caillasse subtilisés à l'appétit anglais ne se révéleront pas un apport décisif un jour.

— Te voilà optimiste, mon cher Yves ! railla Marigny. Je ne t'ai pas connu aussi enthousiaste depuis de longues semaines ! Allons, le roi décidera du sort de ces terres ! Contentons-nous de les

1. Port-Louis est le port principal de l'île de France.

lui ramener. Buvons aux Terres Australes ! Tiens nous devrions les appeler Terres de Kerguelen !

Kerguelen leva son verre sans rien dire. Il s'était renfrogné quand Marigny avait interrompu son idyllique prophétie. Après tout, pourquoi ne serait-elle pas justifiée ? N'avait-il pas eu l'impression de distinguer dans la lorgnette une végétation plus sombre qui pouvait être des arbres ? Et peut-être même des formes animales, du gibier ? A part le mauvais temps, quel véritable argument, à la lumière du peu qu'il avait vu, pouvait contredire ce que prédisaient tous les savants d'Europe ? Il y avait là un monde nouveau, riche et prometteur. Terres de Kerguelen ? Il y avait bien sûr pensé. « France Australe » sonnait bien aussi.

Etait-ce le repos qui avait chassé l'humeur sombre qui l'avait rongé pendant des jours ? Il lui semblait que, depuis que l'on faisait route pour sortir de ces mers, son âme s'était allégée d'un immense fardeau. Il avait une impression physique de soulagement, comme si une main avait relâché son étreinte, l'autorisant à courir à nouveau vers le monde des hommes et la lumière pour y cueillir les fruits du succès. Le ciel était moins bas, l'océan moins gris, les hurlements du vent moins stridents. Il échappait à la malédiction des quarantièmes.

Quelques courtes semaines plus tard, un petit canot décrivit une courbe sur les eaux calmes de Port-Louis, et courut sur son erre.

— Sciez à bâbord ! Sciez partout ! Attention, larguez vos avirons partout !

L'embarcation s'immobilisa le long du quai de pierre, à hauteur des gros barreaux scellés qui formaient une échelle. Elle avait fière allure, avec son équipage propre et peigné, en paletot bleu à revers garance. La coque avait été passée au brai et la chambre, où se tenait Kerguelen, fraîchement retapissée de toile rouge. On avait travaillé sur la route du retour. Kerguelen retira ses gants, pour ne pas les salir, et s'éleva sur l'échelle. Le quai de larges pierres finissait d'être réparé. Il avait noté, avec plaisir, que Port-Louis commençait à retrouver bonne figure. Les épaves datant des derniers cyclones avaient été dégagées et la batterie, sur l'îlot de Fort-Blanc, nettoyée de ses arbres tombés. L'ingénieur Tromelin, sous les ordres de l'intendant Poivre, faisait du bon travail. Il se fraya un chemin dans la poussière des travaux et aperçut le cocher noir, en livrée, qui l'attendait tenant la porte du cabriolet ouverte.

— Par ici, monsieur le capitaine, le gouverneur Desroches vous attend !

Il n'était qu'à quelques centaines de mètres du palais, mais son hôte avait insisté pour la voiture.

Port-Louis n'était pas vraiment agréable. Tapie dans un amphithéâtre de montagne, aux pentes noirâtres et déboisées, qui la coupait de l'alizé, c'était surtout une ville de garnison. Les riches familles de planteurs préféraient habiter dans les hauts plus ventés. La voiture remontait lentement la place d'armes, une large perspective bordée de palmiers-bouteilles. Hormis les bâtiments de la Compagnie et du gouvernement, les maisons étaient en bois sans étage, leurs fenêtres sans vitres, protégées par un auvent de bois bordé d'un lambrequin. Dans la fraîcheur relative de la matinée, les rues étaient animées d'un mouvement placide caractéristique des cités tropicales. Les grands Indiens Malabars déambulaient dans leurs robes de mousseline claires, un large poignard à la ceinture, leurs anneaux d'or et leurs bracelets d'argent éclatant sur leurs peaux sombres. Les esclaves noirs aux tresses emmêlées étaient les seuls à courir, un simple pagne autour des reins, frayant la voie aux charrettes. Quelques commerçants blancs, portés dans leurs palanquins, se rendaient au port et des estafettes à pied ou à cheval circulaient entre les casernes. On était bien loin de l'animation et du lustre de Brest, de Lorient, ou même du Cap, mais tout respirait la vie et la civilisation. Pour Kerguelen, cela avait un goût de paradis. Il huma, comme un cadeau, le parfum sucré des fruits que l'on vendait au coin des rues, papayes, goyaves, bananes, l'odeur de la pierre qui chauffait au soleil et les lointains effluves de frangipaniers. Par-dessus les bruits des voitures et les appels, il percevait la musique des palmes des grands cocotiers froufroutant dans l'alizé. Oh que c'était bon ! Comme tout semblait facile ici, dans la luxuriance paisible d'une nature où l'homme trouvait naturellement sa place. Comme ils étaient loin les froids qui donnaient l'onglée, les déferlantes et les falaises mortelles ! Pouvait-on penser que des lieux si différents cohabitaient sur la même terre, qui plus est à quelques semaines de mer les uns des autres ?

Il retourna dans son esprit les questions qui l'avaient hanté sur la route du retour : Quel serait le destin des terres qu'il avait découvertes ? Son nom resterait-il dans l'histoire pour avoir augmenté le royaume de possessions stratégiques, où l'on découvrirait subitement des richesses minières, comme celles de Potosi qui avaient fait la fortune de l'Espagne, un siècle plus tôt ? Souriant intérieurement, il pensa que de nouvelles possessions dans l'océan Indien rabattraient peut-être le caquet de ceux de l'île de France, qui se faisaient valoir comme la seule escale sur la route des Indes.

Sa voiture s'arrêta devant un bâtiment en U classique, pourvu d'une galerie à colonnade et ombragé par de magnifiques flamboyants. Avant de s'engager dans l'escalier d'honneur, il vérifia qu'aucune poussière ne souillait son habit rouge et, caressant le galon à quinze lignes de fil d'or qui bordait le justaucorps, il pensa avec fierté que le galon à vingt-quatre lignes de capitaine de vaisseau allait bientôt le remplacer.

Desroches l'accueillit dans un large bureau, meublé à la française, dont les portes-fenêtres donnaient sur la grande place. C'était un bel homme, grand, droit comme un I, au visage un peu poupin, qu'on aurait eu tort de prendre pour naïf. Esprit éclairé, il avait été président de l'Académie de marine et remarquable major du port de Brest. Il était arrivé dans l'île bien décidé à rappeler à l'ordre les colons plus assoiffés d'enrichissement rapide que de développement de la colonie. Titulaire de l'autorité militaire, il était condamné, pour les affaires pratiques, à s'entendre avec Poivre, le redoutable intendant. Desroches, officier de marine et quimpérois, avait eu une sympathie immédiate pour Kerguelen. La fougue de ce dernier, son sens affiché du devoir, son esprit ouvert aux sciences l'avaient séduit, sans parler de l'importance stratégique de cette mission et l'espoir des dividendes que pourrait en tirer la colonie. Ce matin-là, il était donc tout sourire.

— Voilà notre héros ! Mon cher Kerguelen, je suis bien aise de vous revoir si vite ! Allons, des nouvelles, je meurs d'impatience ! Je vous voulais en tête à tête, pour avoir la primeur des découvertes, mais, vous devez bien le penser, la colonie ne bruit que de vos exploits !

Kerguelen ôta son tricorne et salua. Par coquetterie, il fit légèrement durer le plaisir.

— Mes respects, monsieur le gouverneur.

— Alors, ces Terres Australes ?

— Eh bien, nous les avons ! Je ne vous cacherai pas qu'elles nous ont donné un mal de chien ! Froids et tempêtes ont été notre lot dès l'entrée dans les quarantièmes. Nous avons trouvé la terre à 50° Sud, mais rien n'interdit de penser qu'elle remonte un peu en latitude, en poursuivant vers l'est. Nous n'avons pu le vérifier. Voyez-vous *La Fortune* a été en grand danger de démâtage. Les haubans de rechange dont nous nous étions pourvus, ici, étaient en chanvre échauffé et nous ont donné bien des soucis.

— Allons donc, Poivre vous a fourni du matériel de mauvaise qualité ! Quand je pense qu'il fait la morale à tout le monde sur la probité et le soin du travail !

Kerguelen jugea qu'il en avait assez fait pour égratigner l'intendant à qui il ne pardonnait pas d'avoir reçu l'abbé Rochon, son ennemi, à bras ouverts. Il reprit avec un brin de condescendance :

— Oh, n'accablez pas ce pauvre Poivre. Il fait ce qu'il peut. Un intendant n'est pas forcément au fait des choses de la marine.

— Alors, qu'avez-vous trouvé à terre ?

— Eh bien, l'état de mon vaisseau ne me permettait pas d'approcher. J'ai envoyé le jeune Rosily sur notre canot, pour ouvrir la voie au *Gros Ventre*, dont le faible tirant d'eau se prêtait mieux à l'atterrissage. Nous avons joué de malchance car la tempête nous a ensuite séparés.

— Vous n'avez plus de nouvelles depuis ? Voilà qui est fâcheux ! Pensez-vous qu'il leur soit arrivé malheur ?

Kerguelen s'agaça de la question. Marigny lui avait adressé la même remarque. On n'allait quand même pas lui faire grief continuellement de cette histoire !

— Non, Saint-Allouarn a dû rester à l'abri de la côte. Je lui avais donné ordre de prendre possession. Je pense que vous le verrez arriver bientôt. L'hiver s'annonce, là-bas. L'été y est déjà si médiocre.

— Voulez-vous dire que l'endroit est inhabitable et impropre à des établissements ?

— Bien sûr que non ! Certes, ce pays n'est pas riant, mais l'être humain a prouvé qu'il pouvait s'établir en bien des lieux. Voyez les Suédois, les Russes, les Islandais qui vivent par des latitudes encore plus extrêmes. Les pays froids sont rudes, mais il n'y règne aucun des miasmes qui empoisonnent les hommes des tropiques. L'air y est sain et le froid rend les êtres courageux.

La conversation se poursuivit une bonne heure. Les deux hommes s'étaient installés dans de profonds fauteuils, Desroches avait fait servir du vin de Malte et des biscuits au coco. Sur la carte déployée sur son bureau, il avait demandé à Kerguelen de lui tracer la position de la France Australe. Celui-ci avait déjà longuement médité là-dessus, pendant le voyage de retour. Sans horloge, avec le ciel souvent couvert qui gênait l'observation de la hauteur du soleil, l'estime du cap et de la vitesse était le seul recours. Encore n'avait-on aucune idée, hors de vue de terre, de la violence et de la direction des courants. Après un mois de mer, l'erreur en longitude pouvait facilement atteindre 300 milles[1]. Il déploya la carte qu'avait dressée Jassaud. Elle couvrait la totalité de leur voyage, ce qui permettait de remettre en perspective la situation des Terres Australes par rapport au reste du monde. Le papier était encore imprégné d'humidité. Jassaud y avait fait figurer la route de *La Fortune* avec ses diverses errances, vers l'est ou l'ouest, ainsi qu'un continent qui se perdait dans des pointillés mais paraissait énorme et relativement proche dans le sud-est des Mascareignes. Avec une touchante maladresse, il avait dessiné les types d'oiseaux et de mammifères marins qu'ils avaient rencontrés, ainsi que les bancs d'algues stylisées, pour servir de repère à une prochaine navigation. Ainsi dessinée, la descente vers les Terres Australes paraissait si simple !

Sur la carte du gouverneur, Kerguelen traça, à partir du point 49°40' Sud et 63°30' Est, là où ils avaient vu la terre, un grand golfe, dont ce point constituait l'extrémité nord-est. Cela expliquait le vol des oiseaux aperçus quelques jours avant l'atterrissage. Il ajouta une extension vers le nord-est à des latitudes plus clémentes, mais également une partie plus occidentale, pour faire jonction avec ce qu'avait vu Bouvet au sud-ouest du cap de Bonne-Espérance. Ce tracé convenait à Desroches : un continent entier, à moins de trois semaines de mer, ferait de l'île de France la plaque tournante du

1. Un mille nautique vaut 1 852 mètres.

commerce. Plus d'échanges, c'était plus de taxes, plus d'argent, plus de mouvements militaires, d'importance à la cour, et, pourquoi pas, une vie mondaine renouvelée par l'arrivée de colons et de nouvelles administrations.

Pendant l'entretien, Kerguelen recueillit une bonne et une mauvaise nouvelle. La bonne était qu'on n'avait aucune information au sujet de Marion-Dufresne. Même s'il avait découvert quelque chose, il ne pouvait plus lui en revenir la primeur. La mauvaise était que l'abbé Rochon était toujours là, établi chez Poivre dans sa propriété de « Mon Plaisir ». Il se répandait en commentaires sur le fait que, sans l'horloge – il prétendait Kerguelen trop piètre marin pour savoir l'utiliser –, on ne pouvait positionner aucune terre avec précision. Desroches assura Kerguelen que personne n'ajoutait foi à ces propos fielleux et que, d'ailleurs, Rochon n'était pas invité à la réception qui devait honorer le soir même les découvreurs de la France Australe.

Dès la nuit, la résidence s'illumina de centaines de torches qui faisaient luire les soieries des dames et scintiller les décorations des uniformes. Personne, dans la colonie, n'aurait voulu rater pareil événement. Planteurs fortunés, militaires de passage, commerçants de retour des Indes, fonctionnaires, plusieurs centaines de personnes se pressaient dans les salons et le jardin. On localisait facilement les officiers de *La Fortune* par le cercle d'auditeurs qui les entourait. Chacun cherchait à s'approprier un peu les héros. Etre les premiers à les recevoir permettait de s'associer à l'exploit. On espérait en recueillir des miettes. Touraille, Breignou, Jassaud s'abandonnaient à ce bavardage sans arrière-pensée. Marigny, sentant sa misanthropie revenir au galop, avait préféré s'isoler au jardin avec quelques capitaines.

Kerguelen était partagé. Il aurait aimé se laisser aller à ce bonheur du retour dont il savait, par expérience, qu'il était vite rongé par le quotidien. Il aurait voulu savourer ces quelques jours d'état de grâce où, le devoir accompli, on voit s'atténuer la pression du commandement. Mais ce soir, il se sentait oppressé. Il avait une raison objective. Après sa visite à Desroches, il était retourné préparer *La Fortune*. Il n'avait pas l'intention de s'attarder à Port-Louis, quand la cour de France l'attendait. Dufayet, l'écrivain du bord, avait sollicité une audience. Kerguelen avait cru qu'il s'agissait d'arrêter les comptes de la campagne et l'avait envoyé promener, trouvant qu'il avait mieux à faire que se plonger dans les listes de chiffres. Mais l'autre avait insisté, aussi il l'avait reçu en début d'après-midi, dans la Chambre du Conseil.

— Eh bien ! Dufayet, pas de répit possible avec vous, vous avez donc déjà des mémoires à me soumettre ! Nous ne sommes en rade que depuis avant-hier !

— Non monsieur, ce n'est pas cela, d'ailleurs je n'ai pas fini les inventaires, mais j'ai jugé important de vous faire part d'une certaine menace.

— Menace ? Diable, expliquez-vous !

— Monsieur, vous avez bien voulu me donner congé hier soir, comme à tous les officiers, les maîtres et les pilotes. La ville n'est pas riche en auberges, les passants se remarquent. Et il y avait là Monsieur l'abbé Rochon, que nous avions eu à bord pour venir de Lorient.

Le visage de Kerguelen se durcit. Encore ce satané abbé !

— Rochon ! Que faisait-il ?

— Eh bien, justement, monsieur, il m'a semblé qu'il cherchait à entrer en contact avec quelques-uns de *La Fortune*. Il offrait généreusement le vin, prétendant boire à nos découvertes et regretter de n'avoir pu être avec nous. Il m'a longuement interrogé sur le sort du *Gros Ventre*, disant qu'il n'était pas d'usage d'abandonner sa conserve et que, tôt ou tard, la vérité éclaterait...

— La vérité ! Quelle vérité ?

Kerguelen avait bondi sur ses pieds, tout prêt à saisir Dufayet au collet, comme s'il était l'auteur du propos.

— Monsieur, je ne fais que vous rapporter ses paroles. Il m'a aussi laissé entendre que la science exigeait que l'on examinât en détail le journal de bord de *La Fortune*, pour se faire une idée exacte de cette France Australe, et que vous n'aviez pas toutes les qualités pour en rapporter à l'Académie. Il n'avait pas autorité pour se le faire remettre, mais pour le bien du royaume, il serait prêt à le lire et offrirait même cinquante louis à celui qui lui en donnerait une copie...

— Ah, le misérable ! Qu'espère-t-il donc ? S'approprier nos découvertes ? Me traîner dans la boue en se répandant en propos infâmes sur un prétendu abandon du *Gros Ventre* ? Dufayet, avez-vous vu si d'autres, parmi les maîtres, ont prêté l'oreille à cette proposition ?

— Je ne sais pas, monsieur, je suis allé souper avec Bienboire et Cliquet, et puis je suis revenu à bord. Mais nombreux sont ceux qui ont poursuivi tard dans la nuit.

Kerguelen se sentait des envies de meurtre. Il congédia Dufayet avec ordre d'enquêter discrètement. S'il pouvait trouver un traître éventuel, c'est lui-même, Kerguelen, qui lui donnerait cinquante louis.

Sur son ordre, Bienboire assembla l'équipage. Kerguelen leur signifia que, l'intérêt supérieur du royaume étant en jeu, il faisait défense de donner une seule information sur le déroulement de leur voyage, les terres qu'ils avaient rencontrées et le sort du *Gros Ventre*. Tout manquement serait puni de cinquante coups de garcettes, ou d'un mois de retranchement de solde pour les sous-officiers et les maîtres. Il assembla ensuite les officiers dans la Chambre du Conseil et les informa de la traîtrise en cours. Pour faire bonne mesure, il insinua habilement que Rochon, qui correspondait avec tout ce que l'Europe comptait de savants, pouvait avoir été suborné par une puissance étrangère. On frisait l'espionnage !

L'ordre avait été suivi à la lettre et, lors de la soirée, chaque membre de l'état-major prenait des airs de conspirateur pour expliquer que l'intérêt supérieur de l'Etat exigeait que l'on tînt secrets les détails de l'aventure australe.

Poivre, retenu par ses innombrables occupations, n'arriva qu'en milieu de soirée. Quand Kerguelen le vit, il se précipita sur lui pour pêcher des informations. Ce n'était pas utile, l'intendant courut presque à sa rencontre, le sourire aux lèvres.

De grande taille, Poivre était vêtu de son éternel costume noir. A peine semblait-il en avoir passé un moins râpé. Ainsi fagoté, il détonnait comme un corbeau dans une assemblée d'oiseaux exotiques. La manche vide de son bras droit épinglée dans sa poche témoignait d'un boulet reçu au cours de sa vie aventureuse de chasseur d'épices. Il n'était pas beau, mais son visage fané était sans cesse animé d'un sourire optimiste qui faisait aussi briller de grands yeux noirs. De l'optimisme, il lui en fallait pour continuer à monter, depuis trente ans, projet sur projet afin de subtiliser girofle et muscade aux Néerlandais. Son sens de l'organisation et sa passion pour la botanique l'avaient conduit à ce poste d'intendant. On attendait beaucoup de lui pour rétablir l'agriculture censée nourrir les troupes de passage. Il s'y employait avec une poigne qui l'avait fait détester des planteurs et le heurtait souvent à Desroches. Mais c'était, par ailleurs, un esprit curieux de tout, passionné de sciences autant que de contacts humains. Il avait accueilli avec intérêt l'expédition aux Terres Australes, souhaitant toutefois qu'elle n'accaparât pas les moyens qu'il voulait consacrer au redressement de l'île. Au moment de le saluer, Kerguelen se demanda, comme d'ailleurs toute l'assistance mâle, comment ce vilain manchot parvenait à inspirer un aussi visible attachement à celle que tous n'appelaient que « la si jolie Madame Poivre », de vingt-neuf ans sa cadette. En l'absence d'une Madame Desroches, elle tenait, avec une étonnante sagesse, son rôle de première dame de la colonie. Elle était là, rayonnante, dans une soie verte brochée, dont la simplicité soulignait son cou et ses bras parfaits. En s'inclinant vers sa main gantée et parfumée, Kerguelen songea qu'il pourrait s'accorder de penser un peu à lui-même. Renouer avec la femme de Pierre Guénel, qui commerçait le sucre, devrait être possible. Elle ne s'était pas montrée trop farouche, quelques mois auparavant.

Poivre semblait sincèrement heureux du succès de l'aventure. Kerguelen le savait trop direct, à la limite parfois de l'inconvenance, pour être capable de feindre. Non. L'esprit botanique de l'intendant s'était tout bonnement enflammé à l'annonce des terres nouvelles. Quel dommage qu'il fît trop mauvais pour débarquer, convint-il, sans méchanceté. Il allait falloir attendre la prochaine fois pour remplir les herbiers et les caisses d'échantillons. Il était curieux de savoir quelle sorte d'arbre pouvait bien se cacher sous le feuillage sombre qu'on avait aperçu. Il cuisina Kerguelen sur ce qu'il pensait du type de sol, pouvait-il être épais et propre à la culture ? Avait-il vu des coulées rougeâtres ou vertes sur la roche dénotant des minerais de fer ou de cuivre ?

L'enthousiasme de l'intendant finit par incommoder Kerguelen. D'un côté, cela lui plaisait de sentir cet état d'esprit si positif et d'imaginer la cascade de bienfaits que sa découverte pourrait apporter, de l'autre côté, son esprit conservait la vision de la falaise noirâtre hérissée de blocs, au pied de laquelle brisait l'écume. Cette image l'obsédait. Il tenta de modérer l'intendant mais Poivre, emporté par son enthousiasme, lui avait fermement saisi le bras et l'entraînait de long en large, oubliant les autres invités.

— Depuis que je sais, mon cher Kerguelen, que ces terres sont à moins de trois semaines d'ici, je ne cesse de penser au bénéfice d'y trouver des ports sûrs. La saison des cyclones correspond à la période favorable pour aller aux Terres Australes. D'après ce que vous dites, les vents sont traversiers, voilà qui est commode. Nous pourrions y envoyer la flotte entre décembre et mars et éviter les naufrages en rade que nous avons connus ces dernières années. Ce serait l'occasion de ravitailler les établissements sur place et d'en ramener les productions....

Il n'eut pas le temps de finir sa phrase qu'un homme accourut vers eux en boitillant :

— Kerguelen ! Je vous vois en bonne compagnie et je jurerais que vous parlez botanique avec Monsieur l'Intendant ! Dès que j'ai su votre découverte, j'ai consulté mes planches et j'ai quelques propositions à vous faire concernant la flore qui pourrait être acclimatée.

Kerguelen pivota vers le nouveau venu et fronça poliment le sourcil. Il n'appréciait pas vraiment Monsieur Commerson. Certes, celui-ci avait été le botaniste réputé de l'expédition de Bougainville, mais c'était un râleur, imbu de sa personne. Il ne ratait pas une occasion de critiquer vertement la Marine, se plaignant que l'on ne considérait jamais assez les savants à bord des navires du roi. Pourtant c'est lui qui avait eu une attitude scandaleuse en laissant sa maîtresse et gouvernante, la dénommée Barret, à se déguiser en homme pour l'accompagner sur les mers. Leur vilaine supercherie avait fait long feu à Tahiti où un indigène, plus sensible aux états de nature, avait démasqué la coupable. Une femme, cachée à bord ! Quel risque de zizanie ! C'était formellement interdit par les ordonnances royales et, en plus, cela portait malheur. Parce qu'il n'était pas militaire, Commerson avait évité la cour martiale. Sa seule punition était d'avoir dû demeurer à Port-Louis sans finir le tour du monde. Il était ainsi frustré de la gloire des salons parisiens et de l'avancement à l'Académie des sciences. Une peine bien douce ! Kerguelen écoutait d'une oreille le flot de paroles du botaniste en songeant qu'en rentrant, il enverrait un mémoire au roi afin de le mettre en garde contre ces savants civils que l'on emmenait, de plus en plus fréquemment, pour les missions lointaines. Leur insubordination finirait par gâter l'esprit de la Marine.

Ce qui l'agaçait également, c'était que tout le monde semblait s'accaparer sa découverte, en savoir même plus que lui sur l'endroit. Pour un peu, on ne l'avait envoyé là-bas que pour vérifier des choses que tout le monde connaissait déjà !

— Au fait, demanda Poivre, qui percevait l'énervement de Kerguelen et voulait détourner la conversation, qu'en est-il du *Gros Ventre* ? Quand devons-nous l'attendre ?

Ce n'était pas la question adéquate pour redonner le sourire à Kerguelen. Encore une fois, cette histoire le poursuivait, Rochon avait déjà distillé son venin.

— J'ai indiqué à Monsieur le Gouverneur que nous avions été séparés et que le *Gros Ventre* avait conservé mon canot. Nous étions convenus que je rentrerais porter la nouvelle et prendre les ordres et qu'il resterait en exploration, puisqu'il était en mesure d'aller à terre. Il devrait être de retour ici avant la mi-juin.

— Parfait ! opina Poivre, conciliant.

Quatre jours après la réception, *La Fortune*, son équipage à peine reposé, repassait entre l'île des Tonneliers et la batterie de Fort-Blanc, et, tout dessus, s'élançait vers Lorient porté par l'alizé. Moins de quarante-huit heures plus tard, un autre navire du roi embouquait les passes pour rentrer en France. Il emmenait dans ses soutes des lettres de Desroches et de Poivre, toutes les deux aussi enthousiastes concernant Kerguelen et la France Australe. Mais sur la dunette, on repérait aisément le grand nez de l'abbé Rochon. Il arborait un sourire discret, car il ramenait dans ses malles une carte et un récit de navigation chèrement acquis. Il avait bien l'intention d'en faire usage pour rabattre le caquet de ce marin prétentieux et incompétent, qui avait eu l'audace de le traiter par le mépris. On verrait bien qui, de Kerguelen ou de lui, aurait le dernier mot.

Chapitre 6

De cette journée du 25 juillet, que restait-il ? Rien... mais tout !

Kerguelen n'arrivait pas à s'en souvenir. Cela ressemblait trop à un rêve dont on est brutalement réveillé et dont on ne peut décrire que quelques scènes confuses, sans y trouver de début ou de fin. En son for intérieur, il appelait cet après-midi « les secondes de Compiègne », tant ce moment lui semblait avoir été bref et pourtant dense et plein. Il lui en revenait comme des éblouissements, il en gardait des petites bulles dans sa mémoire qui éclatèrent ensuite à tout moment dans sa vie, libérant une émotion intacte.

Il se rappelait les détails : l'odeur des fleurs et la poussière d'été qui entrait par les hautes fenêtres, la moirure de la soie brochée rebrodée d'or de l'habit du roi, le sourire appuyé et obséquieux du ministre de Boynes et la finesse de la gravure des mappemondes que Louis XV avait fait apporter.

La conversation avait dû durer trois quarts

d'heure. De ce songe n'émergeait, comme de hauts sommets d'un banc de brume, que quelques paroles qui le faisaient immanquablement frissonner. Le souvenir de ce bonheur le brûlait, chaque fois au même endroit, en un petit point précis au bas de la poitrine.

— Agrandi notre royaume, ... service rendu, ... récompense, ... capitaine de nos vaisseaux, ... croix de Saint-Louis, ... valeureux !...

Le résultat concret de cette journée tenait au creux de sa main : une croix fleurdelisée à quatre pointes bifides. En son centre, on voyait la silhouette supposée de Saint Louis, debout dans un cercle bleu, en habit d'or et cape doublée d'hermine. Il prit l'habitude, quand il la portait, de l'effleurer discrètement de l'index. Il lui semblait la voir avec le bout de son doigt.

Ce n'était pas tant la médaille que le grade de capitaine de vaisseau, qu'elle accompagnait automatiquement, qui le faisait tressaillir d'orgueil. A la minute précise où l'épingle avait piqué son habit, il avait su qu'il atteignait l'un des sommets de sa vie. Ces quelques grammes de métal le tiraient de l'anonymat des officiers du Corps, végétant sur de petites missions. Et ce n'était qu'un commencement. Rien ne l'empêcherait, désormais, de continuer à s'élever dans la carrière. S'il pouvait obtenir pour son prochain commandement une division de trois vaisseaux, la porte de chef d'escadre s'ouvrirait, puis celle de lieutenant général, vice-amiral...

Paradoxalement, il se souvenait mieux de la deuxième partie de l'entretien, pourtant moins chargée d'émotion. Kerguelen avait repris l'essentiel de ce qu'il avait dit à Desroches et à Poivre.

Ces terres étaient sûrement beaucoup plus vastes que ce qu'il en avait aperçu et se prolongeaient vraisemblablement vers le nord-est à des latitudes plus clémentes. La partie découverte était sous un climat austère, mais pas inhumain. Toutefois il n'avait pas aperçu de signe de vie organisée. Sa situation géographique, au vent des Indes, lui conférait un grand intérêt stratégique et la relative proximité de l'île de France permettait sa mise en exploitation.

Louis XV posait des questions sans le regarder, avec une étonnante timidité, concentré sur la grosse mappemonde comme pour attiser sa méditation.

— Et donc, monsieur, que conseilleriez-vous pour cette France Australe ?

— Majesté, l'établissement de colons soutenus par une garnison me semble hautement souhaitable. J'ai bon espoir qu'en quelques années ils puissent se suffire à eux-mêmes puis soient du meilleur rapport. La France Australe pourra accueillir les navires de Votre Majesté pendant la saison des cyclones dans l'océan Indien. Il faudrait, bien sûr, pousser l'exploration qui n'a été qu'amorcée. C'est un vaste continent qui attend nos efforts.

Louis XV fronçait légèrement le sourcil. Il ne fallait pas que l'affaire tournât comme au Canada. Cette aventure avait coûté fort cher pour pas grand-chose. Quant à Bourbon et l'île de France, elles n'étaient pas capables de se gouverner. Il fallait sans cesse leur envoyer des hommes et des vivres, sans que beaucoup de sucre ou d'épices n'en arrivât.

De Boynes, le ministre de la Marine, intervint au secours de Kerguelen.

— Si je puis me permettre, Majesté, l'intérêt des terres que Monsieur de Kerguelen a découvertes est justement leur complémentarité avec les Mascareignes. Leur climat plus frais pourrait assurer une production de bois et de grains que nous devons aujourd'hui expédier. Je dois aussi porter à votre connaissance les informations que vient de me fournir le duc de Croÿ, dont vous connaissez la passion pour la géographie. Par son beau-frère, qui n'est autre que l'ambassadeur d'Angleterre, il se tient minutieusement au courant de ce qui se passe en cette matière chez les Anglais. Il vient de me faire savoir que Cook est reparti, il n'y a pas quinze jours, pour un deuxième voyage autour du monde dont les instructions sont secrètes. Souvenez-vous, c'est ce même Cook, un habile marin, qui avait emmené des savants dans le Pacifique. Cette fois-ci, il aurait à son bord quatre horloges d'Harrison et, à nouveau, des astronomes et des naturalistes. Je dois m'excuser auprès de Monsieur de Kerguelen de dire qu'il n'a pu avoir, compte tenu du mauvais temps, la certitude que la prise de possession de la France Australe a bien eu lieu. Il serait fâcheux de se faire souffler le cinquième continent quand l'honneur de sa découverte nous revient.

Le roi opina sans enthousiasme et resta un long moment silencieux, les yeux fixés sur le bas du globe. Tout le monde s'était figé dans la pièce, attendant que le sort de la cinquième partie du monde fût scellé par ces augustes lèvres. Il n'eut qu'un geste évasif. Il devait y réfléchir. Que Kerguelen reste à la cour le temps de préparer un rapport circonstancié, sur la base duquel il trancherait.

En s'éloignant, le roi jeta des mots qui valaient une promesse :

— France Australe, voilà qui sonne bien !

De Boynes invita Kerguelen à rester dans le bureau, pour poursuivre l'entretien. Ce n'était pas tout à fait à son goût. Il aurait préféré sortir peu après le roi et déambuler dans les antichambres où tous auraient immédiatement remarqué la décoration et compris qu'il l'avait reçue de la main même du souverain. Il aurait recueilli les félicitations des hommes, échangé quelques bons mots avec les dames et récolté des invitations à souper, s'abandonnant enfin au tourbillon frivole et éphémère du vainqueur.

Mais non ! Décidément, les Terres Australes ne lui laissaient aucun répit.

Sans façon, de Boynes s'installa à la grande table. C'était un gros homme au visage en forme de poire, ses lourdes joues tombant de chaque côté de sa bouche en un pli méprisant. Il n'était pas apprécié dans la Marine qu'il avait entrepris de réorganiser à sa manière, séparant les officiers de plume des officiers d'épée. De plus, il venait après Choiseul que tout le monde avait adoré. En l'occurrence, c'était pourtant un soutien actif pour Kerguelen. Il avait appuyé cette mission quand il était arrivé au ministère et comptait bien en tirer, lui aussi, des bénéfices.

— Alors, mon cher capitaine ! Prêt à repartir ?

Kerguelen ne s'attendait pas à une entrée en matière aussi directe. A vrai dire, il ne se sentait pas vraiment prêt à repartir. Il avait obtenu ce qu'il souhaitait le plus au monde et son nom serait maintenant et à tout jamais accolé à cette grande découverte. L'idée de retourner là-bas faisait soudain ressurgir ces images effrayantes de falaises noires et de vagues vicieuses. Il sentit quelques secondes peser à nouveau sur lui l'angoisse maléfique qui l'avait tant troublé. Il aurait préféré mille fois le commandement d'une flotte de routine, même un peu ennuyeuse, vers la Méditerranée ou les Antilles.

— Si le roi l'ordonne, je partirai sur l'heure ! Mais à dire le vrai, monsieur le Ministre, j'aspire aujourd'hui à quelque repos. J'ai servi à la mer dix-huit mois consécutifs. Ma santé s'en ressent et j'éprouve les atteintes du scorbut. Je souhaiterais aussi mettre en ordre mes affaires à Trémarec que j'ai bien longtemps négligées, voir ma femme, mes enfants et mes gens.

De Boynes afficha un sourire condescendant :

— Bien sûr, bien sûr ! Je ne veux toutefois pas laisser trop d'avance à l'Anglais. Comme je l'ai dit à Sa Majesté, tant que Monsieur de Saint-Allouarn n'est pas rentré, nous ne savons pas vraiment ce qu'il en est. A propos – il fixa Kerguelen droit dans les yeux – je voulais vous faire part d'un petit désagrément. Je viens de recevoir une longue lettre de Madame de Montecler, la sœur de Monsieur de Rosily, que vous avez dépêché à bord du *Gros Ventre*. Elle se plaint que vous l'avez laissée sans nouvelles de son frère, en invoquant un secret d'Etat, et me demande de diligenter une enquête. Le domestique de Rosily lui aurait confié que s'il déclarait ce qui est arrivé à son maître, vous le feriez envoyer aux galères. Bref, elle laisse entendre que vous l'auriez abandonné à un sort fâcheux.

De Boynes ne quittait pas Kerguelen des yeux. Un petit sourire montait au coin de sa grosse figure. Il avait toujours aimé tenir les hommes. Toute faiblesse révélée lui était pain bénit. Kerguelen avait blêmi. C'était une insulte mais aussi un réel chagrin. Il aimait bien Rosily et leurs familles étaient voisines. Il se maîtrisait à grand-peine. Deux conserves séparées, ce n'était pas rare, il y avait du Rochon là-dessous.

— Voyons, monsieur le Ministre ! Ce sont des sornettes ! J'ai de l'affection pour Madame de Montecler et je veux croire qu'une inquiétude irraisonnée l'habite. Certes nous avons perdu le *Gros Ventre* de vue, mais je puis vous assurer qu'il était en bonne posture et ne manquait de rien ! Vous comprenez que j'aie dû imposer le secret de notre découverte à tout l'équipage. Les oreilles anglaises ! Voilà la raison des ordres de silence. Rendez-moi justice, je vous en conjure !

Sa voix avait pris sur la fin une tonalité aiguë qui traduisait son désarroi. Il était si heureux quelques minutes auparavant ! De Boynes jugea qu'il avait assez conforté son ascendant :

— Evidement, mon cher ! Je rassurerai Madame de Montecler. Cependant faites attention à vous ! Le grade de capitaine de vaisseau vous arrive fort justement mais bien tôt. Vous n'avez pas quarante ans, quand d'autres seront lieutenants toute leur vie. Savez-vous que j'ai calculé que vous venez de surpasser en avancement 86 officiers du Corps. Voilà qui ne va pas vous attirer que des amis. Les mauvaises langues pourraient en profiter pour cabaler. Vous devez bien savoir qu'un autre vaisseau est arrivé deux jours après vous de l'île de France, avec à son bord quelqu'un qui ne vous veut pas que du bien et qui a l'oreille des puissants à la cour et à l'Académie des sciences.

C'était bien Rochon ! Cette saleté de punaise n'avait pas renoncé à faire campagne contre lui ! Il l'aurait bien, à l'instant, écrasé sous sa botte. Mais il n'allait pas se laisser faire. Il se défendrait contre lui et tous ces autres envieux, marins incapables qui ne savent que dénigrer. Au-delà de sa colère, il comprenait le message de Boynes. Le ministre était de son côté. Il avait soutenu l'aventure australe depuis le début et ne l'abandonnerait pas au milieu du gué.

C'est bien sur ce raisonnement que comptait de Boynes, qui enchaîna :

— Bon, revenons-en à votre rapport. Vous avez pu juger que le roi est encore hésitant. Or j'attache la plus haute importance à une prochaine mission en France Australe. Il nous faut marquer notre avantage. Il ne manque pas d'hommes solides, rapatriés du Canada et habitués au froid, pour servir de colons. Bougainville, qui est fort en cour, a présenté un projet d'exploration vers le pôle Nord et la découverte d'un passage au nord du Canada. Mais pour moi, mieux vaut tenir que courir. La France doit se concentrer sur un seul objectif. Soyez convaincant ! Votre rapport comptera pour beaucoup, vous êtes le seul à avoir approché ce monde nouveau !

Contrairement à ce que pensait Kerguelen, le rapport ne fut pas difficile à écrire. Il était encore habité par sa colère, il tenait à prouver au monde entier qu'il avait eu raison. Il avait banni, pour un temps, les souvenirs trop précis, trop décourageants. Il scinda son travail en deux parties, la première plutôt destinée au roi, la seconde à l'attention de ceux qui lui succéderaient dans un second voyage, car il se sentait de plus en plus enclin à rester savourer sa gloire en France.

Pour le premier document, il repartit de l'idée que tous ceux qui l'avaient précédé n'avaient reconnu que des pointes de terres. Les Anglais s'étaient enthousiasmés pour Drake qui avait passé le cap Horn, sans poursuivre dans l'ouest à cause des vents dominants. Abel Tasman était devenu un dieu en Hollande pour sa découverte de la Nouvelle-Zélande. Voilà des gloires facilement acquises par des expéditions qui n'avaient pas vraiment levé le mystère. Quant au pauvre Bouvet et à son cap de la Circoncision au beau milieu de l'Atlantique sud, on doutait de plus en plus, en France, de sa réalité. Lui seul, Kerguelen, avait approché le cœur même de l'immense continent. Or celui-ci était situé à une latitude comparable dans l'autre hémisphère à celle du sud de l'Angleterre. On pouvait donc facilement lui imaginer un avenir. Il se mit en tête qu'il avait peut-être joué de malchance en arrivant à un moment défavorable. Après tout, en France aussi, il pouvait y avoir des étés pourris. Puisqu'on avait affaire à de si vastes terres, on allait bien finir par y découvrir les richesses habituelles à ce type de contrées.

Telle la Perrette de La Fontaine, il se mit en devoir d'égrener le catalogue des bienfaits et des ressources que produirait la France Australe : bois de construction, de menuiserie et de mâture, brai, goudron, chanvre, cuivre, plomb, fer, pierres réfractaires, marbre, albâtre, et pourquoi pas diamants, rubis, saphirs, émeraudes, toutes matières premières qui faisaient cruellement défaut à l'île de France, qui n'était qu'à quinze jours de mer !

Concernant l'autosuffisance de la nouvelle colonie, il n'avait pas de doute. Toutes les productions de la métropole y pousseraient, graines et oléagineux, fruits et légumes. On élèverait des bestiaux en tous genres et on compléterait par une pêche abondante. Enfin quelques industries, tels le sel, les plantes tinctoriales, les pelleteries, les huiles de baleine et de loup marin seraient de bon rapport.

Il restait réservé sur la question du peuplement. Beaucoup de savants pensaient que lorsque des pays ont une grande altitude, comme au Pérou ou au Mexique, cela favorise des civilisations raffinées et donc anciennes. C'était bien le cas de sa Terre Australe. Mais de braves sauvages feraient aussi bien l'affaire. Primitifs à l'état de nature, ils fourniraient de merveilleux spectacles physiques et moraux. Il n'oublia pas un chapitre destiné à se concilier l'Académie des sciences. Ce continent, isolé depuis si longtemps, apporterait de lumineux éclaircissements sur les révolutions arrivées au globe depuis son origine. On enrichirait les collections de plantes et d'animaux inconnus et fabuleux.

Sa plume courait de plus en plus facilement sur

le papier. Ecrire permettait de transfigurer la réalité, une idée appelait l'autre et le monde se rebâtissait, simple et cohérent. Ce qu'il n'avait pu vaincre dans l'action, il le soumettait par l'esprit et cela lui paraissait alors équivalent. Les grandes choses ne naissent-elles pas des cerveaux visionnaires ?

Son mémoire sur l'établissement d'une colonie était plus technique, destiné à ses pairs et aux commis du ministère. Avec fièvre, il établit de nombreuses listes et se livra à de savants calculs. Reprenant l'idée d'emmener les Acadiens qui avaient dû se réfugier en France après la perte du Canada, il imagina environ cent quatre-vingts colons : cinquante hommes de troupe, assistés de menuisiers, maçons, charrons, tonneliers, cordonniers, tisserands, serruriers, de quarante pêcheurs et bien sûr d'un médecin et de son aide. Il lui venait une joie presque enfantine à décrire ce petit monde. Il alignait les fournitures comme jadis les soldats de plomb. Il faudrait deux navires de 30 tonneaux pour les découvertes, deux chaloupes de pêche, un fort en bois et vingt maisonnettes. On embarquerait le tout en pièces détachées. Il fit la liste de tous les outils aratoires, forge, canons pour le fort, milliers de pièces de fer, et compta 12 000 clous. Pour nourrir sa colonie, il opta pour dix-neuf mois de vivres d'avance. Mais il faudrait aussi des semences et des graines, quelques béliers et brebis, des vaches et taureaux et des couples de volailles. Se souvenant des souffrances de ses propres marins, il n'oublia pas les vêtements chauds pour ses colons, les bottes de cuir, les bas, les vestes de laine et de gros drap. La touche finale consistait en effets de commerce ou cadeaux à destination des hypothétiques « Australasiens » : couteaux, miroirs, haches, harpons et couvertures. Ce paragraphe fut l'occasion de souligner que les naturels d'un pays se gagnent par la douceur et la patience, en aucun cas par la force. Il voulait la paix dans son royaume. Il détailla enfin l'itinéraire précis des navires qui devraient partir de Brest en mars. Il prévit également la rotation de l'année suivante qui irait s'assurer que tout allait pour le mieux dans l'embryon de France Australe. Un tel luxe dans la préparation de cet établissement lui permettait d'envisager, ce fut sa conclusion, qu'au bout de six ans la colonie porterait ses fruits et commencerait à enrichir la métropole.

Après une semaine de travail, Kerguelen était satisfait de son rapport. Certes, il avait un peu forcé le trait, mais mieux valait, comme disait de Boynes, être encourageant. Et puis, quoi ! A des hommes déterminés, rien n'est impossible !

En fermant les yeux, il voyait les maisonnettes aux cheminées fumantes serrées sous la pluie au pied de la colline où s'élevait le fort. Il entendait les chants à la veillée et le joueur de vielle, pendant que les agriculteurs aiguisaient la faux de leurs futures récoltes. Il sentait l'odeur de la poudre des exercices au canon. Ce serait la vie, simple et tranquille, comme celle de ses paysans de Trémarec. Elle serait seulement lointaine, très lointaine, à l'autre bout du monde.

La remise de ce rapport marqua, sans doute, l'apogée de sa gloire. De Boynes voulait battre le fer tant qu'il était chaud. Il le convoqua deux fois pour fignoler le projet qui fut soumis au roi le 2 août. Kerguelen y joignit un mémorandum supplémentaire représentant l'urgence d'un nouveau voyage à cause de la concurrence anglaise. Malgré ses précautions trop de gens étaient maintenant dans la confidence. Cela ne pouvait que tomber dans les oreilles ennemies. Les savants n'avaient-ils pas la désagréable habitude de ne rien se cacher d'un pays à l'autre, au nom de la science ?

On convint qu'une première mission partirait sans tarder. Elle comprendrait cinq navires de petit tonnage, deux flûtes et trois cutters, qui poursuivraient l'exploration. A sa demande, Kerguelen n'embarquerait pas. De Boynes eut la bonne idée de répandre le bruit qu'il s'agissait de ravitailler l'île de France, récemment ravagée par un cyclone. Mais à l'escale du Cap, les capitaines ouvriraient un pli secret leur ordonnant de poursuivre vers la France Australe. Les caisses de matériel, prétendument destinées à Poivre, contiendraient de bons vêtements de laine et des bottes en cuir.

La Marine était avare. Un tel armement, avec les vivres et les frais, coûterait près de 130 000 livres. Voilà qui allait couper l'herbe sous le pied de Bougainville qui proposait son exploration du Grand Nord canadien.

— Pour la suite, mon cher Kerguelen, je voudrais que vous réfléchissiez à cette mission d'établissement plus conséquente dont vous parlez dans vos rapports. Vous m'indiquez qu'il faudrait la faire partir en mars de Brest. Présentez-moi un projet détaillé sans tarder, pour convaincre Sa Majesté !

Cette seconde partie de l'aventure allait coûter infiniment plus cher et n'était donc pas assurée. Il lui fallait rallier des partisans qui serviraient sa cause auprès du roi. Il écrivit longuement au duc de Croÿ, évoqua Dunkerque où il s'étaient connus, et demanda audience. Il connaissait lui aussi sa passion pour la géographie autant que ses entrées à la cour et à l'Académie des sciences.

L'idée d'être le maître d'œuvre et le pivot de la colonisation de la France Australe plaisait à Kerguelen. Cela lui évitait de repartir, même si sa vision champêtre et idyllique commençait à le faire un peu rêver. Il resterait en France, conforter sa place et son audience auprès des puissants et jouir de sa popularité grandissante. Pour surveiller les opérations, Kerguelen vint s'établir à Paris chez sa sœur Catherine de Marolles. Là, deux lettres l'attendaient qui lui firent l'effet d'une douche glacée.

La première était de Mannevillette. La fine écriture penchée, qu'il avait d'habitude tant de plaisir à lire, le mettait en garde. Depuis son retour, on débitait dans les ports maintes sornettes avec insistance. D'aucuns disaient qu'il avait abandonné le *Gros Ventre* en fâcheuse posture. On insinuait même qu'il l'aurait coulé au canon pour s'attribuer seul le mérite des découvertes. Il circulait des plans de la France Australe, en réalité des faux, supposés donner du corps à un journal de bord extravagant où Kerguelen apparaissait comme un être lâche et pitoyable. Ce procédé lui rappelait furieusement celui dont l'abbé Rochon avait usé quelques années auparavant, quand il avait carrément falsifié les relevés astronomiques pour tenter de disqualifier la route vers les Indes découverte par Grenier. Or Rochon était revenu en même temps que Kerguelen et leur animosité réciproque n'était un secret pour personne. Bref, disait Mannevillette, les esprits éclairés sauraient choisir le vrai mais la calomnie courait.

Reconnaissant l'écriture de Marigny sur la seconde enveloppe, Kerguelen songea qu'il pourrait, là au moins, trouver des nouvelles rassurantes venant de son ami. C'était pire !

Après les informations d'usage sur le désarmement de *La Fortune* dont il s'occupait, il lui brossait un tableau terrible de l'ambiance à Brest. Sur les quais et dans les salons, certains officiers ne le saluaient même plus ou jetaient par-dessus leur épaule des réflexions sur le sort du *Gros Ventre*. Ceux qui lui parlaient encore pensaient que l'état-major de *La Fortune* s'était opposé, en vain, à un commandant qui avait fait abandonner sa conserve. Les opinions les plus extrêmes soutenaient que Kerguelen aurait vu le *Gros Ventre* s'écraser à la côte, sans lui porter secours. Quant à la France Australe, il se disait qu'il n'y avait rien d'autre que quelques glaces dérivantes, qu'on aurait aperçues de loin. Bref la quasi-totalité du Corps de la Marine lui était franchement hostile. Marigny terminait par des paroles lénifiantes sur la jalousie stérile de ceux qui courent plus les salons que les mers, mais engageait son ami à ne pas revenir immédiatement à Brest pour le laisser d'abord désamorcer ces faux bruits.

Kerguelen s'écrasa dans un fauteuil et relut les deux lettres. A mesure qu'il en pesait chaque mot, il lui venait la même impression que lorsqu'il avait découvert l'avarie du gréement. Il lui semblait que le sang se retirait de son corps, laissant un grand vide. Il se sentait tout à coup si fragile et comprenait que c'était la même impression qui l'avait hanté tout au long de sa navigation dans les quarantièmes. Il n'était rien, il ne pouvait rien, dans cet univers hostile qu'il haïssait et qui le lui rendait bien. Comme il fermait les yeux par lassitude, la vision du cap Bourbon s'imposa à son esprit. Il revit dans un éclair la falaise sombre et abrupte, la houle qui éclatait avec tant de force, le sentiment de désolation émanant de cette roche nue polie par le vent. Il fit le lien avec le rapport que, quelques jours auparavant, il avait remis avec fierté au ministre. N'avait-il pas été bien fou ou aveugle, pour suggérer que quelques mauvaises herbes pourraient se muer en grasses prairies et pour tenter de reconnaître des bovins dans les taches sombres et mouvantes sur les plages, quand il ne s'agissait sans doute que de loups et de chiens marins ? Il se sentit pris au piège. Le rêve où il tournait en rond indéfiniment à Trémarec lui revint.

Dehors, la matinée était limpide et douce, qui semblait le narguer. De la cour montaient les bruits rassurants des carrioles de vivres que l'on ramenait du marché et les voix des domestiques. Personne, personne ne pouvait partager son désarroi, ou le réconforter. Comme quand il commandait son navire, il était seul. Il envia soudain son beau-frère de Marolles, qui pouvait s'appuyer sur une femme comme Catherine. Sa sœur, sous son aspect de coquette mondaine, était une redoutable conspiratrice de salon. Elle s'était battue efficacement au côté de son mari quand il était tombé en disgrâce, suite à celle des Choiseul. En comparaison, il savait pouvoir peu compter sur Marie-Laure. Hormis les liens de parenté qui l'unissaient maintenant aux de Bonte et aux Coppens et qui avaient été efficaces à l'époque du voyage en Islande, sa femme ne lui était pas d'un grand secours. Confite en dévotions, elle ne quittait plus Trémarec et gérait le domaine. Elle n'avait jamais été mondaine, mais menait à présent une vie monacale. Il ne pouvait rien en espérer, surtout pas un soutien à ses intrigues de salon. Il resta longtemps à s'apitoyer sur son sort et à vouer ses ennemis aux gémonies. Ce fut cette acrimonie et le souvenir de la faveur du roi qui lui redonnèrent des forces. Il comprit que l'heure de gloire était passée sans qu'il pût s'y complaire et qu'il fallait maintenant se battre.

Eh, quoi ! Il n'était pas sans appuis ! Sa sœur l'adorait et ferait tout pour lui. De Boynes le protégeait par intérêt et Mannevillette par amitié. Il comptait encore de nombreuses relations à l'Académie de marine. Il avait derrière lui de Croÿ, Buffon, le chanoine Pingré, le prince de Conti – entiché de sciences – et le duc d'Aiguillon qui le soutenait depuis le début. Il fallait se montrer féroce envers ses ennemis et surtout ne laisser voir aucune faiblesse, de celles que Rochon savait si bien exploiter. Il devait s'en tenir à son rapport et tout mettre en œuvre pour que de nouvelles expéditions aient lieu. Il lui parut alors inévitable, même si cela lui répugnait obscurément, de prendre lui-même la tête du voyage d'établissement de la colonie. Tergiverser aurait paru suspect.

Deux jours plus tard, quand Kerguelen entra dans le cabinet de travail de Croÿ, il avait la tête haute. La pièce était sombre, le soleil d'été pénétrait difficilement par les fenêtres étroites. Chaque caisson des murs et du plafond était assombri de scènes peintes, de chasse ou de bataille et de portraits d'ancêtres austères, qui absorbaient la lumière. Emmanuel, duc de Croÿ, prince de Solre et de Mœurs, avait ses entrées à la Chambre du roi et aux Petits Appartements et sa femme tenait tabouret chez la reine. Il se passionnait depuis longtemps pour la géographie et dépensait sans compter pour venir en aide aux savants. C'était un grand homme, déjà âgé, aux gestes nonchalants, avec une longue figure un peu triste qu'animaient deux grands yeux perpétuellement étonnés. Très soigné de sa personne, il reçut Kerguelen en habit et culotte marron lourdement rebrodés d'or, ses mains fines à demi couvertes par un flot de dentelles. Quand il fallait faire la guerre, il ne déméritait pas, il l'avait prouvé en Flandres et en Picardie, mais il mettait au-dessus de tout un idéal de raffinement social, tant des mœurs et des apparences que de l'esprit.

Malgré son impatience, il s'obligea donc à une aimable conversation, félicitant Kerguelen de son avancement, lui rappelant des épisodes de la campagne de Dunkerque où ils s'étaient connus douze ans auparavant, avant de jeter négligemment :

— Bien, venons-en à notre affaire ! J'ai reporté ce que je crois être votre découverte sur la carte de d'Après, venez en juger l'exactitude.

Kerguelen se fit un plaisir de rectifier légèrement le dessin. Ils discutèrent de la validité de la longitude qui avait dû être estimée.

— La prochaine fois, monsieur, je veux que vous partiez avec une bonne horloge. Nous irons ensemble chez Berthoud et je parlerai au ministre pour que des crédits vous soient alloués.

Kerguelen s'inclina pour remercier, songeant que tout était plus facile dès que l'on frappait à la bonne porte.

— Parlez-moi du projet, maintenant ! Quand partez-vous ? Quel sera votre armement ? Votre trajet ?

Kerguelen lui résuma le dispositif de cinq navires de découverte et de sa propre expédition, quelques mois plus tard, pour établir des colons. De Croÿ l'écoutait, la tête un peu penchée, fronçant de plus en plus ses grands sourcils.

— Hum ! Tout cela me paraît bien compliqué. Je crains que la première mission, en l'absence de savants et préparée à la hâte, ne soit un échec. Voyez-vous, il est plus que temps aujourd'hui que la France ait enfin un vrai voyage dédié à la connaissance. Bougainville était mal servi avec de pauvres vaisseaux et il manquait de vivres. Comment travailler quand vous mangez des rats !

» Seriez-vous disposé, monsieur, à accueillir des savants ? J'en connais de fort brillants, jeunes et robustes, capables de supporter les vicissitudes de la vie en mer.

Kerguelen, bien qu'ayant beaucoup de préventions à la présence de savants sur un navire de guerre, comprit que de Croÿ posait les conditions de son soutien.

— Ce serait un honneur, monsieur le Duc. De ma modeste place je me passionne pour les travaux de l'Académie de marine. Avec des esprits éclairés à bord, nous pourrions entreprendre de grandes choses aux Terres Australes.

— Parfait, comptez sur moi ! J'ai également réfléchi au trajet. Un aller-retour entre l'île de France et la France Australe est un non-sens. Il faut profiter de cet armement pour finir le tour de la terre, suivre le continent antarctique vers l'est, là où il doit se prolonger, jusqu'au cap Horn. Enfin, nous aurons une idée exacte de la forme de la planète !

De Croÿ marqua une pause et s'assit devant son vaste bureau. En son milieu, entre une pendulette en argent et un biscuit de Sèvres qui lui servait de presse-papier, se trouvait un maroquin de cuir rouge sombre. Il le caressa légèrement avant de l'ouvrir sur une vingtaine de feuillets couverts de son élégante écriture. Il les consulta comme s'il les lisait pour la première fois, sourit et poussa l'ensemble vers Kerguelen qui était resté debout.

— Asseyez-vous, monsieur, et lisez cela ! C'est un petit mémoire sur l'intérêt de la connaissance des antipodes, qui a déjà recueilli des avis favorables. Vous comprendrez pourquoi il est de la plus haute importance que vous boucliez un tour du monde. Pour connaître exactement la forme de notre terre, ce que tout grand roi s'honorerait d'ordonner, il est indispensable de procéder à des séries d'observations astronomiques aux points exactement antipodiques. Or nul n'y a jamais été !

De Croÿ s'animait de manière inhabituelle.

— Songez, monsieur, que nul ne sait si l'antipode de Paris, de Londres ou de Stockholm est une terre ou une mer ! N'est-ce pas honteux, à notre époque ? Ah ! Si c'étaient des terres, je vous recommanderais d'y faire des cérémonies et, pourquoi pas, d'y placer un obélisque, qui annoncerait à toutes les nations que nous, les Français, sommes parvenus aux confins les plus extrêmes. Nous pourrions en faire des lieux réservés à la science, des lieux de paix, pourvus seulement d'aimables tavernes, des sortes de cabarets d'antipodes, où tous les marins d'Europe pourraient venir prendre du repos ! D'ailleurs tout cela ne coûterait pas beaucoup plus cher que la seule expédition aux Terres Australes.

Kerguelen tenta de réprimer son étonnement. Il se demandait si le duc délirait avec son affaire de cabarets des antipodes. Mais « Paris vaut bien une messe ! ». De Croÿ, à la croisée du pouvoir et de la science, était un maillon essentiel de la décision concernant son voyage, et surtout de l'importance des subsides qui y seraient alloués.

— Il n'y a, en effet, aucune raison pour ne pas poursuivre dans l'est, à condition de partir tôt, pour profiter pleinement de l'été austral, entre décembre et avril. De plus, les vents dominants sous ces latitudes soufflant d'ouest, ce sera même plus aisé que de retourner vers Le Cap.

De Croÿ se frottait les mains et donnait l'impression de ronronner comme un vieux chat.

— Parfait, parfait ! Abordons maintenant la question des vaisseaux. Qu'est-ce que la Marine vous a promis ? D'après les informations que j'ai il s'agirait de l'*Alexandre* et du *Roland*. Je n'ai pas une très bonne opinion de cet arrangement. Voyez-vous, Cook vient de repartir avec un ancien navire charbonnier qui offre l'avantage d'être extrêmement robuste et à faible tirant d'eau. Vous-même avez souffert de ces problèmes, je crois, et avez été obligé d'envoyer le *Gros Ventre*, avec l'incertitude qui en résulte aujourd'hui.

Encore et toujours le *Gros Ventre* ! Sur cet aspect, en tout cas, Kerguelen n'allait pas céder. Pas question de repartir naviguer sur une vulgaire flûte ou une gabarre ! Il était capitaine de vaisseau, maintenant !

— Monsieur le Duc, je crois que de grands vaisseaux seront indispensables. Il nous faut établir une colonie et faire un bien long voyage. Si nous poursuivons le tour du monde, sans certitudes sur l'étendue du continent austral, il nous faudra emmener neuf ou dix mois de vivres. Un vaisseau de 64 canons, si l'on en descend la moitié à fond de cale, offre une grande capacité. Et puis, il faudra de la place pour loger messieurs les savants, leurs machines et leurs collections. Mais rassurez-vous, j'ai aussi fait la demande d'un petit navire de découverte pour nous accompagner.

— Oui, vous avez peut-être raison, il est vrai que j'oubliais cette affaire de la colonie qui n'est peut-être pas indispensable, mais enfin, cela fait plaisir à de Boynes, et – il eut un rire discret – si nous voulons des crédits, il faudra en passer par là. Allez, je m'en remets à vous pour les moyens nautiques !

Kerguelen nota avec satisfaction qu'il était passé du vous au nous, pour parler de l'expédition.

— Malgré tout, je voudrais attirer votre attention sur l'équipement des hommes. D'après mes informations, Cook est parti avec des jaquettes dites « magellaniques », en grosse laine, et des chausses en drap de Fearnought, vous savez, cette lourde toile dont on couvre les poudres pour qu'elles n'explosent pas accidentellement dans la bataille, et aussi des bonnets fourrés en molleton, et...

— Ne vous inquiétez pas, monsieur le Duc, j'ai l'habitude de naviguer dans des parages hostiles. Je l'ai déjà fait en Islande et je connais les fournisseurs de nos pêcheurs. Laissez-moi m'occuper de ces détails.

— Bien sûr, mais je pensais à ces pauvres matelots ; si nous voulons en tirer le maximum, il faut qu'ils soient en bonne forme. D'ailleurs, j'aimerais qu'ils soient tous volontaires. Voyez-vous, il y aura des risques et il nous faut de l'enthousiasme, pour une si noble aventure !

Kerguelen, qui commençait à en avoir un peu

assez, promit tout ce que l'on voulait. De toute façon, il serait le seul maître à bord. La discussion dura longtemps. De Croÿ revenait sans cesse sur des détails, s'enthousiasmait, s'inquiétait, répétait trois fois la même chose. Finalement, il fut conclu qu'il s'occuperait de la partie scientifique et pousserait le projet auprès du roi, et que Kerguelen organiserait la partie maritime. Le jour avait baissé et ils étaient presque dans le noir, quand de Croÿ conclut la discussion.

— Je suis bien aise, monsieur de Kerguelen, que vous soyez à ce point frappé de la beauté de ce projet, que vous soyez prêt à y consacrer toute votre hardiesse et votre sagesse que je vois infinies. A nous deux, nous allons réaliser la plus brillante expédition scientifique que l'Europe ait jamais connue. Ah ! Il me tarde déjà de votre retour !

Chapitre 7

Il arriva quelque chose que Kerguelen n'avait pas prévu.

Louise Seguin était une toute jeune fille de quinze ans. Elle était petite et brune, le corps déjà fait. Son visage n'avait pas encore perdu les rondeurs et la gaieté de l'enfance, même si un regard d'un beau vert reflétait une lointaine tristesse qui donnait immédiatement aux hommes l'envie de la protéger. Elle était, dans son attitude et ses manières, au croisement exact de la gaucherie, du naturel de l'adolescence et de l'exploration de ses pouvoirs de séduction. Totalement femme et totalement enfant, elle respirait, sans s'en rendre compte, un érotisme trouble.

Orpheline à quatre ans, elle avait été envoyée chez un oncle lointain de petite noblesse parisienne. Il s'était empressé de récupérer l'héritage et de se débarrasser de la fillette dans un couvent d'ursulines, en attendant de pouvoir la marier. Là, elle s'était liée avec Sophie, la fille, à peine plus âgée, de Catherine de Marolles. Catherine, qui adorait se mêler de tout, avait pris la jeune fille en affection. Elle avait récupéré les deux demoiselles depuis l'été avec la ferme intention de leur faire faire leurs débuts dans le monde et, si possible, de leur trouver des maris en rapport avec leur naissance.

La séduction fut immédiate et réciproque. Kerguelen adorait la spontanéité et l'ingénuité de la jeune fille et était loin d'être insensible à sa beauté physique. Il n'avait jamais reculé devant les aventures galantes qu'autorisaient, pensait-il, ses longues absences et le peu d'empressement de Marie-Laure aux choses du sexe. Louise était fascinée par ce brillant marin à l'uniforme impeccable, qui parlait avec désinvolture de ses amis à la cour, aussi facilement que de ses aventures sur des mers lointaines et dangereuses. Elle avait elle-même, n'ayant sans doute rien à perdre, un certain goût pour le risque et le frisson, bien mal assouvi dans les tristes couloirs du couvent. Elle ne cessait donc de l'interroger et, quand sa compagne Sophie montrait des signes d'impatience, elle aurait pu rester des heures à écouter ses histoires, avec une dévotion qui paraissait filiale. C'était autre chose qui flattait Kerguelen. Eh, quoi ! Lui aussi, comme le vilain Poivre, pouvait susciter l'admiration d'une femme de vingt-cinq ans sa cadette !

Evitant Brest, sur les conseils de Marigny, peu pressé de regagner Trémarec et soucieux de faire avancer ses affaires à la cour, il était naturel qu'il prît pension chez sa sœur. Nul ne s'offusquait qu'il y jouât un rôle d'oncle bienveillant et familier auprès des jeunes filles. Seule Catherine, toujours fine mouche, avait décelé l'idylle naissante, mais elle n'avait jamais apprécié sa belle-sœur et était elle-même encline au marivaudage. Une amourette dissiperait l'humeur parfois morose de son frère. Elle se promit de veiller à ce que cela n'eût pas de conséquences fâcheuses. Longtemps, Louise et Kerguelen en restèrent aux regards appuyés, aux soupirs ou à l'effleurement des mains.

Celui-ci était par ailleurs fort occupé. Maintenant qu'il avait décidé de repartir, il lui fallait une flotte digne de son grade. Pour le *Roland*, flambant neuf, qui sortait tout juste des chantiers de Lorient, il n'y avait pas de problèmes. Mais on rechignait à lui donner l'*Alexandre*, l'autre navire de 64 canons. On lui proposait l'*Isis* qui n'en comptait que 16 ! Finalement, grâce à la nomination de d'Estaing, qu'il connaissait depuis la guerre, comme commandant de la Marine, on s'était entendu sur *L'Oiseau*, une flûte de 36 canons, et sur la promesse d'un troisième navire qu'il trouverait à l'île de France. Ces tergiversations avaient déjà nécessité de nombreux courriers et visites.

En fait, une certaine confusion régnait quant au mobile exact du voyage. Personne n'avait clairement identifié si l'on partait pour un voyage scientifique ou pour installer une colonie. Chacun poussait ses propres pions. Même au ministère, on n'avait pas de vue d'ensemble et Kerguelen soutenait l'une ou l'autre des hypothèses selon son interlocuteur. Dans cette pagaille, l'armement des cinq petits navires prévus en avant-garde avait pris du retard. Trois d'entre eux s'étaient élancés, mais les deux autres, attardés, subirent une tempête automnale dans le golfe de Gascogne, qui les ramena au port en piteux état. On expédia donc en hâte un contre-ordre au Cap, pour modifier les instructions des trois autres et les diriger simplement vers l'île de France, y amener du fret.

L'automne avançait. Kerguelen courait toujours les antichambres et accumulait les courriers. Il sentait dans son dos le vent mauvais de la cabale qui enflait. Les accusations étaient remontées à la cour. Il devait être chaque jour plus convaincant, enthousiaste et déterminé. De Croÿ, qui était son plus sûr allié, jubilait maintenant que l'on avait abandonné la première expédition. Particulièrement persuasif, il avait obtenu du roi que l'on consacrât la somme faramineuse de 700 000 livres à l'armement des navires. Et encore, pour la partie scientifique, payait-il certains instruments de sa poche. Si l'on ajoutait à cela près de 1 500 000 livres pour la construction du *Roland*, on n'avait jamais vu d'expédition de découverte mieux pourvue. De Croÿ inondait Kerguelen de missives, jusqu'à plusieurs par jour pour l'informer, lui poser des questions, lui faire mille recommandations. Il avait rédigé quatorze mémoires différents pour cadrer l'action de « ses » savants, indiquant le soin particulier que l'on devrait montrer pour décrire l'environnement des plantes ou des animaux. Il convenait de noter à chaque fois l'exposition, la température, les vents, l'humidité et le type de sol dont on prendrait un échantillon. On aurait soin d'établir des « tables animales » décrivant les migrations des oiseaux ou des mammifères marins, leur proximité des terres, pour que cela pût servir de guide plus tard. Toutes les cent lieues, on prélèverait de l'eau, on la pèserait, on chercherait à connaître la profondeur et la nature du fond. Il fallait penser à emmener de l'eau-forte pour reconnaître les pierres calcaires qu'elle rend effervescentes, des briquets pour traquer les roches phosphoriques qui sont ignescentes. Les dessinateurs, outre les vues des baies, des caps et des mouillages, fixeraient sur le papier la vie des indigènes et leurs mœurs, en gardant à l'esprit qu'il ne faudrait pas les molester et même souffrir quelques larcins pour se les concilier. Dessiner permettrait aussi d'éviter de tuer quadrupèdes et gros animaux que l'on préfère dans leur état de nature. Il avait pourvu les deux navires d'une importante bibliothèque pour aider à la détermination des roches, de la flore et de la faune, ainsi que d'un nombre incalculable de caisses, de sacs et de bocaux pour ramener les collections. On donnerait la préférence aux végétaux jugés antiscorbutiques, nourriciers ou propres à l'épicerie.

De Croÿ, comme Kerguelen quand il écrivait son rapport, était saisi d'une excitation que l'on pouvait juger puérile à organiser la science comme un catalogue exhaustif. Aucun objet animé ou inerte ne devait échapper à la traque qui lui assignerait une place dans cette prodigieuse aventure descriptive de la création, dans laquelle son siècle s'était jeté à corps perdu. Chaque être et chaque chose se devait de répondre à son nom, de livrer ses formes et ses qualités de sorte que, l'univers enfin dépeint, l'homme pût y régner en harmonie. La diversité et l'ampleur des découvertes possibles dans le cinquième continent emplissaient le duc d'émotion et de fierté.

Les savants s'étaient précipités car l'excitation était grande dans les milieux de l'Académie des sciences et Buffon, en personne, avait écrit au ministre pour soutenir le projet.

L'astronomie était le sujet principal de préoccupation. Pour naviguer à bord du *Roland* on désigna de Mersais. Il était jeune, mais avait l'expérience du voyage du *Flore*, une expédition organisée pour tester la montre de Berthoud. Paul Lepaute d'Agelet, un brillant élève du grand Lalande, officierait à bord de *L'Oiseau*. Bruguières, d'ordinaire assistant de Jussieu, embarquait comme naturaliste et médecin. Enfin Kerguelen avait demandé Pierre Ozanne, le maître à dessiner de l'Ecole des gardes de la Marine. Mais il était trop utile au port de Brest et n'avait pas eu l'autorisation de s'absenter. On le

Yves Marie Joseph de Kerguelen de Trémarec, jeune homme, vers 1760.

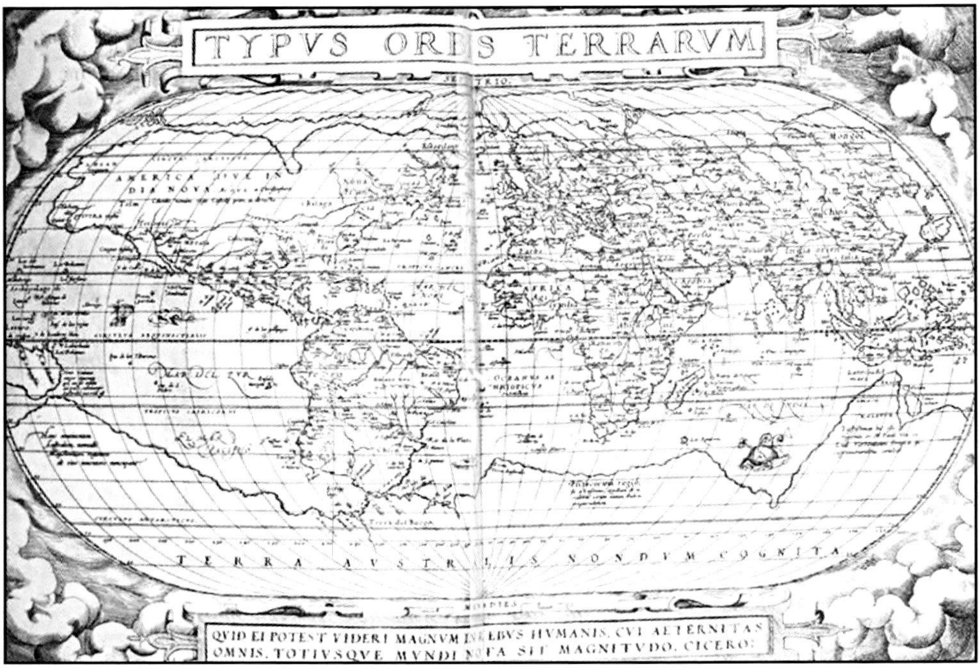
TYPVS ORBIS TERRARVM
AMERICA SIVE INDIA NOVA
TERRA AVSTRALIS NONDVM COGNITA
QVID EI POTEST VIDERI MAGNVM IN REBVS HVMANIS, CVI AETERNITAS
OMNIS, TOTIVSQVE MVNDI NOTA SIT MAGNITVDO. CICERO.

2

3

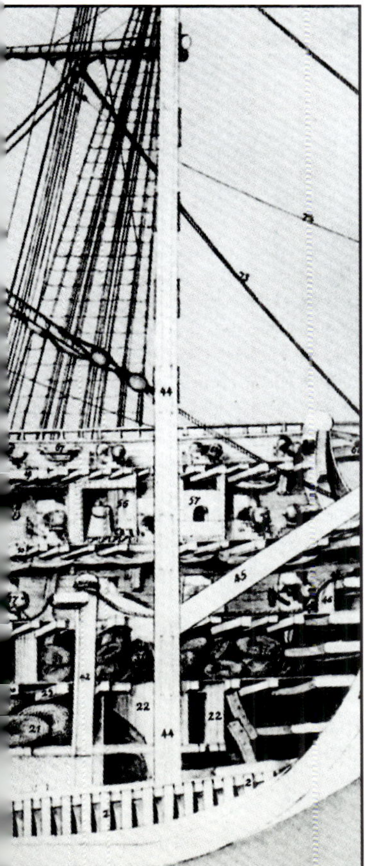

1. Jusqu'au milieu du XVIIIe siècle, les planisphères font la part belle à un continent austral démesuré, censé équilibrer la masse des terres de l'hémisphère Nord.

2. L'organisation méticuleuse de l'arrimage permet de faire vivre plus de 300 hommes pendant 6 mois dans un navire de la taille d'un 74 canons, mais au prix d'un entassement invraisemblable.

3. Un 74 canons classique du type du *Roland* que Kerguelen commanda à son deuxième voyage .

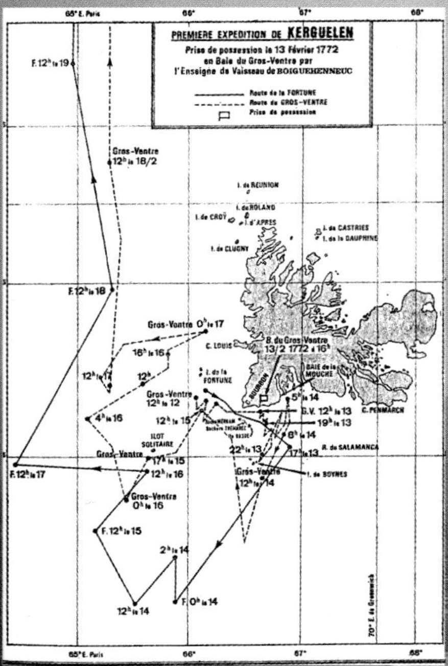

1

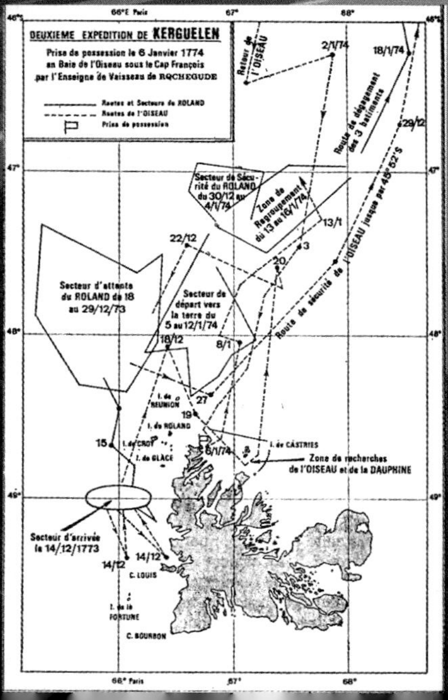

2

1. Reconstitution des routes de *La Fortune* et du *Gros Ventre* lors de l'expédition de 1772.
2. Routes du *Roland*, de *L'Oiseau* et de *La Dauphine* lors de l'expédition de 1774.
3. Carte levée par l'enseigne de Jassaud lors du premier voyage en 1772 (partie nord)
4. Carte levée par l'enseigne de Jassaud lors du premier voyage en 1772 (partie sud).

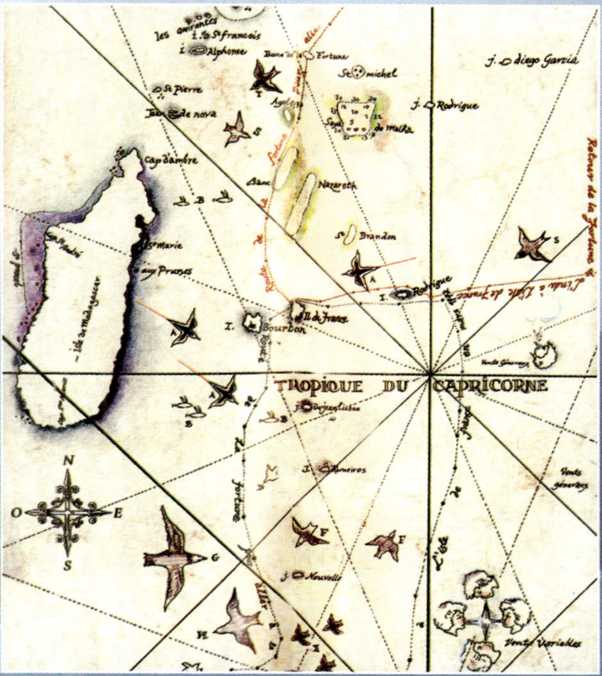
les amirantes
I. St François
I. Alphonse
St Pierre
Cap d'ambre
St michel
J. diego Garcia
J. Rodrigue
Nazareth
St Brandon
Ste Marie
Bourbon
Ile de France
Rodrigue
TROPIQUE DU CAPRICORNE
N
O
E
S
Vents Variables

3

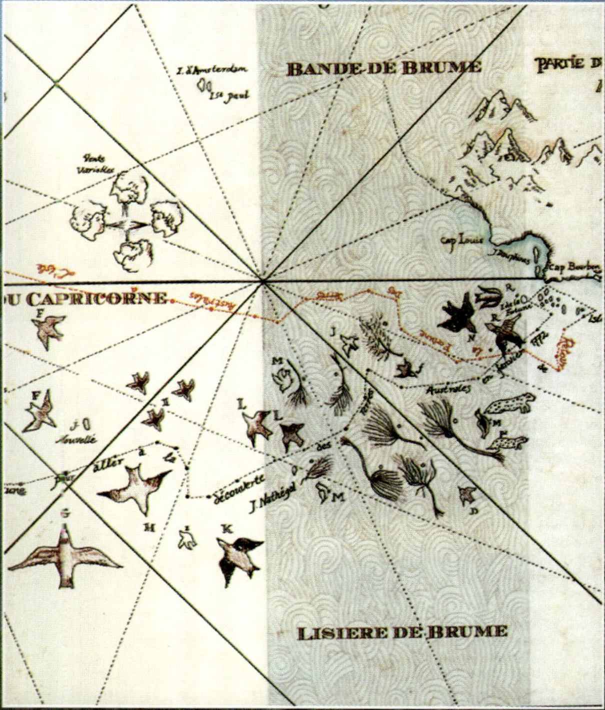
I. d'Amsterdam
Ile St paul
BANDE DE BRUME
PARTIE D
Vents Variables
Cap Louis
Cap Bourbon
U CAPRICORNE
Australes
aller
découverte
LISIERE DE BRUME

4

1

2

3

5

4

6

1 et 2. Habitants des îles Kerguelen : manchots royaux et jeunes éléphants de mer.

3. Lac glaciaire au débouché du glacier Ross - ouest de Kerguelen.

4. Rivière et marécage caractéristique des plaines alluviales - côte sud.

5. Rocaille et lac intérieur – partie ouest de l'île.

6. Paysage volcanique en strates – intérieur, partie nord-ouest de l'île.

7. Fjord de la côte ouest ; les débarquements sont incertains.

8. Départ en hélicoptère depuis le *Marion Dufresne*, le navire ravitailleur des îles.

9. L'arche écroulée dite « des Kerguelen », baie de l'Oiseau – nord-ouest de l'île. Au XVIIIe, le tablier entre la falaise et le pilier était intact.

8

9

Traversée des Kerguelen à pied,
une marche de 6 semaines en 1999.
« Des puces rouges dans l'immense… »

remplaça par Dubois, un illustrateur plus modeste. Aucun de ces savants n'avait plus de vingt-cinq ans, mais ils avaient tous déjà l'expérience de la mer et on les jugeait d'heureux caractère et de bonne constitution.

De son côté, Kerguelen avait été laissé libre de choisir ses officiers. Il avait proposé le commandement de *L'Oiseau* à Charles de Rosnevet. A trente-six ans, celui-ci s'était déjà bien battu au Canada et, de plus, était très versé en chimie, en physique, et en astronomie. A son bord, Kerguelen avait choisi Charles de Charnières comme second, parce qu'il était aussi mathématicien et brillant astronome, inventeur du « mégamètre », permettant de mesurer des angles solaires. Il le savait de santé fragile, mais ce dernier avait insisté pour rejoindre le voyage où il pensait terminer de mettre au point son instrument. Fidèle à ses principes, Kerguelen avait aussi battu le rappel de ses connaissances. Mais il semblait qu'aucun de ceux de *La Fortune* n'était pressé de retourner aux Terres Australes. Tous avaient accepté d'autres affectations.

Son seul ancien compagnon à figurer à l'état-major du *Roland* était Joseph Ligniville, un rude Lorrain de trente-neuf ans, devenu manchot au combat. Ils s'étaient connus en rentrant ensemble des Antilles en 1761. Son caractère intraitable le rendait particulièrement apte à houspiller les fournisseurs tant en vivres qu'en matériel. C'est ce que l'on attendait de l'officier chargé du détail. Par ailleurs, Kerguelen s'était laissé séduire par la requête de Pierre Marie de Pagès, un très étonnant personnage, dont il escomptait de passionnantes conversations pendant les nuits de quart. Pagès, enseigne de vaisseau à trente-trois ans, avait déserté à Saint-Domingue en 1767, pour courir le monde à son propre compte : Nouvelle-Orléans, Acapulco, Philippines, Manille, Batavia, Surate, Perse, Damas, Malte, Tunis, il n'y avait pas de lieux où il n'eût traîné son insatiable curiosité des mœurs et de l'âme humaine. Seuls ses très hauts appuis à la cour l'avaient sauvé de la cour martiale à son retour. Il ne rêvait que de repartir pour découvrir de nouvelles peuplades. Enfin, pour contenter Marie-Laure qui avait intercédé en faveur d'une lointaine parente, il avait accepté Marc du Cheyron comme enseigne de vaisseau. Des frasques en amour et au jeu, pendant son affectation à Rochefort, avaient incité sa riche famille à le faire embarquer en urgence pour étouffer des scandales naissants.

Kerguelen n'était pas aussi satisfait de cet équipage que du précédent. Il était objectivement très brillant, trop peut-être, il savait déjà qu'il lui faudrait mettre bon ordre pour amariner les savants et mater les têtes brûlées. D'ordinaire, ces préparatifs et ces choix l'emplissaient de joie et d'excitation. Il aimait ce moment où l'on se projette dans l'action, où on la rêve, on la décortique sous tous ses aspects, on s'enorgueillit de penser à tout, d'être à l'origine de tout. Mais depuis les terribles lettres de Marigny et de Mannevillette, le cauchemar de son errance dans les bois de Trémarec était revenu. Il s'éveillait en sueur presque toutes les nuits, écoutant pour se calmer la pluie d'automne qui battait au carreau. Il n'y avait aucun rapport entre ce rêve et sa future mission, si ce n'est qu'il l'avait fait pour la première fois en entrant dans les quarantièmes. C'était comme si ceux-ci le poursuivaient. Ouvrant les yeux, un cri au bord des lèvres, il se sentait perdu, abandonné, les railleries et les critiques qu'on lui avait rapportées lui revenaient en pleine figure. Alors il pensait à fuir, à renoncer à cette aventure, à s'embarquer clandestinement pour quelque Amérique où il referait sa vie. Au matin, épuisé, il reculait le moment de se lever et d'affronter la réalité. Il sentait se creuser en lui un irréparable fossé entre son devoir et sa volonté. Un piège encore imprécis semblait se refermer. Finalement son orgueil et son courage le poussaient hors du lit, mais son enthousiasme était gâché. Toute la journée il se forçait à l'action, sentant dans son cou l'haleine mauvaise d'un esprit maléfique.

Cette torture dura trois mois, jusqu'à un soir de décembre. Il avait joué avec Louise le jeu conventionnel de la séduction, pour elle une découverte, pour lui un charmant passe-temps. De la frivolité, ils étaient passés à l'excitation, de l'effleurement des souliers sous la table, aux caresses plus appuyées. Un soir qu'ils sortaient en dernier du salon, elle se laissa embrasser. Dix jours plus tard, elle lui ouvrait sa porte. Louise marqua d'immédiates dispositions pour les choses de l'amour, ce qui, bien sûr, flatta celui qui s'était instauré son mentor. Mais plus encore que le plaisir physique, elle offrit, sans le savoir, à Kerguelen un immense soulagement qui toucha rapidement à la félicité. Elle l'admirait éperdument, elle le portait aux nues avec une sincérité aussi naïve que touchante. Elle se donnait à lui avec passion, mais aussi avec respect, dévotion même. Elle était simple et enthousiaste, elle était tendre et attentive. Ses cauchemars le quittèrent instantanément. Quand il regagnait silencieusement sa chambre, au matin, il tombait dans un sommeil d'homme comblé, mais son apaisement était aussi celui de l'âme. Elle lui redonnait confiance, le réconciliait avec lui-même. Il s'éveillait maintenant euphorique et traversait les journées avec sérénité. L'aventure aux Terres Australes redevint, pour un temps, une mission désirée et il s'abandonna à nouveau à son rêve de colonie édénique.

On était maintenant au cœur de l'hiver. Il n'était plus question d'affronter les colères du golfe de Gascogne, ni d'arriver à contre-saison en France Australe. Kerguelen s'accorda deux semaines à Trémarec pour régler des affaires de terres, puis, prétextant les préparatifs, revint à Paris. La tâche était en effet considérable, puisqu'il était maintenant convaincu que seul un voyage exemplaire le délivrerait définitivement de ses ennemis. Régler la fabrication du village en pièces détachées, l'approvisionnement de huit cents hommes pendant dix-neuf mois, leur habillement pour des froids qu'il savait rigoureux, batailler avec les intendants des ports pour être servi en premier d'apparaux de gréement et de cordages de la meilleure qualité, tout cela était un travail de titan, dans lequel il s'immergea avec passion.

Il prit soin de se fournir en pacotille. Cette habitude qu'on avait d'amener des marchandises pour son propre compte était certes interdite sur les vaisseaux du roi. Mais le roi payait si mal et si tard que les capitaines étaient souvent obligés d'avancer sur leurs propres deniers les vivres de quelques passagers officiels. Lui-même n'avait pas encore réussi à se faire rembourser des 2 000 écus dépensés à l'île de France pour le couvert des officiers qu'il avait rapatriés. Quelques caisses et ballots de plus dans le capharnaüm qui s'annonçait n'étaient pas un bien grand péché. Il fit donc livrer à Brest du vin de Bordeaux et de l'eau-de-vie, des fers, des farines, du savon, des huiles, des toiles et du brai, toutes choses qui se vendraient bien à Port-Louis.

Mais surtout, dans cette phase des opérations, Kerguelen se passionna pour l'instrumentation embarquée qui le ramenait à son goût pour la cartographie. Pouvoir se procurer ces appareils rares et chers, dont souvent on ne comptait les exemplaires que sur les doigts d'une main, était la marque de l'importance de sa mission. Il courut les ateliers et les cabinets de travail, partout bien accueilli grâce à l'introduction de Croÿ.

On lui demandait des observations dans des domaines étendus de la physique et de l'astronomie. Il embarqua des baromètres et plusieurs thermomètres dont certains uniquement dédiés au réglage des horloges. Pour étudier la gravité terrestre, il se munit d'une boussole d'inclinaison mesurant la composante verticale du champ magnétique et d'un pendule à verge simple dont le battement donnait une mesure de la force de gravité. L'étude de la réfraction de l'atmosphère était aussi un problème fondamental car elle intervenait dans la précision des visées astronomiques. Il fit donc construire par le maître artisan Canivet un quart de cercle de 2 pieds[1] pour la somme de 2 500 livres.

L'abbé Bourriot, versé en optique, prêta une lunette achromatique de sa fabrication de 6 pieds seulement. Débarrassant les astres de leur irisation, elle permettait une meilleure précision de l'observation On pouvait enfin employer sur un navire en mouvement une lunette à fort grossissement, et fixer un astre sans le perdre constamment de vue.

1. Un pied vaut 0,325 m, approximativement 1/3 de mètre.

En passant de 15 à 6 pieds d'encombrement, les astronomes espéraient éviter la chaise sur cardan qui était censée compenser les mouvements du bateau. Voir un officier se balancer, comme un enfant sur une escarpolette, faisait mourir de rire les équipages sans être très efficace.

Pour calculer sa latitude Kerguelen, comme tout bon officier, avait son propre octant. Il avait des milliers de fois visé le Soleil ou la Lune avec son vieil outil en acajou au limbe de lecture en laiton. Comme sa lunette, il l'avait suivi sur toutes les mers et les miroirs étaient tout piqués. Pour observer le Soleil, cela suffisait, mais pour le calcul astral et la géodésie, il fallait des instruments de mesure perfectionnés et redondants. Verdun de La Crenne confia le sextant anglais qu'il avait utilisé pour le voyage du *Flore*. C'était moins lourd et surtout on pouvait mesurer des angles jusqu'à 140° ! Soupesant dans la main le bel objet d'ébène et d'ivoire, Kerguelen eut l'intuition que le sextant aurait un bel avenir.

Pour effectuer la topographie de ces côtes nouvelles, de Croÿ fit acquérir un graphomètre à lunette de 6 pouces[1], perfectionné par de nombreuses vis de réglages. On obtenait une lecture précise, inférieure à la minute. Enfin, Borda, le célèbre mathématicien, prêta le cercle à réflexion qu'il venait de mettre au point. L'encombrant

1. Un pouce vaut 2,7 cm.

instrument de laiton au limbe d'argent permettait l'incroyable précision de cinq secondes d'arc, tout en proposant une très grande capacité angulaire indispensable pour la topographie. Les navires étaient donc mieux équipés qu'aucune autre expédition, même celle qu'avait conduite Bougainville. La cartographie précise du cinquième continent allait donner l'avantage définitif à la France et lui assurer la supériorité militaire et politique. Chaque graduation de limbe recelait son pesant de conquête en précisant la position d'un lieu à la surface de la planète. La connaissance valait appropriation.

La dernière visite de Kerguelen fut pour Berthoud lui-même, rue de Harlay. L'horloger du roi le reçut dans son vaste atelier, encombré de machines extravagantes lui servant à tester mécanismes et ressorts. Les hautes fenêtres laissaient entrer la lumière indispensable à cet art et les aides travaillaient dans un silence quasi religieux.

— Monsieur de Kerguelen, j'étais prévenu de votre visite. Je n'ai pas encore emballé l'horloge pour que vous puissiez en juger. Monsieur de Croÿ m'a fait savoir qu'il avait remplacé tout exprès les ressorts de la voiture qui l'emporterait à Brest, pour qu'elle ne soit pas trop secouée. Mais – il eut un rire de contentement – c'est sans doute inutile ! Je réponds de sa fiabilité... sur ma tête, s'il le faut !

Il conduisit Kerguelen vers une table où trônait un fût de laiton de 60 cm sur 20 de diamètre, monté sur un double cardan à ressort. A la surface du fût, une plaque finement émaillée portait les graduations d'heures, minutes et secondes et en gros caractère : N^c 8.

— Voilà donc la fameuse n° 8, celle qui va clouer définitivement le bec à ces messieurs les astronomes ? s'enquit Kerguelen avec bienveillance.

— Oui, et c'est la plus chère à mon cœur. Je crois, sans me vanter, que c'est celle où j'ai mis tout mon art ! repartit l'horloger.

Tout en parlant, il avait délicatement dévissé et ôté le fût. L'incroyable complexité du mécanisme apparut. Le tiers supérieur de l'appareil était constitué d'une douzaine de roues dentées et de roulements commandant les aiguilles. Dessous venait une curieuse grille polymétallique et, tout en bas, les poulies et contrepoids moteurs. Chaque pièce, parfaitement polie, luisait dans la lumière matinale comme un bijou.

— Vous pouvez vous vanter de nous avoir donné du fil à retordre, messieurs les marins ! Regardez ! Pour neutraliser les effets du roulis et du tangage, j'ai imaginé ce plateau lesté, guidé par ces tiges d'acier. La solution pour pallier les différences thermiques n'est pas de moi, je l'avoue, mais du génial Harrison, mon homologue anglais. Voyez cette grille constituée alternativement de tiges d'acier et de laiton. Les deux métaux agissent en sens inverse quand la température varie. Pour préciser la dilatation des différents métaux, j'ai inventé un « pyromètre », dont je suis bien satisfait, qui me permet de les étalonner à la perfection. J'ai également une machine à arrondir les dents des roues et des pignons pour qu'il n'y ait aucun frottement et j'ai fait revêtir les échappements d'une minuscule tuile de rubis inaltérable ! Trois petits tours de clef par jour, monsieur de Kerguelen, et je vous garantis que vous retrouverez votre France Australe !

Les belles mains de l'horloger effleuraient avec tendresse la délicate pignonnerie. Il tira le bouton qui bloquait le balancier et, dans le silence de l'atelier, on entendit le discret claquement des roues d'échappement qui se mettaient en branle. Ils restèrent tous deux côte à côte, hypnotisés par la rotation du balancier. Le temps était vaincu ? Il était sous leurs yeux mis en ordre, comptabilisé avec une précision diabolique et perpétuelle. Au même instant, à leur insu, leurs pensées se rejoignaient. La fuite du temps parlait de leur mort, mais l'immortalité était en quelque sorte sous leurs yeux puisque, par cet objet, l'un et l'autre survivraient : l'horloger pour avoir permis la maîtrise du temps, le marin pour avoir apporté au monde ces terres inconnues. Leur orgueil était toutefois tempéré par l'impression presque douloureuse qu'eux-mêmes n'étaient rien, rien de plus que l'une des dents anonymes des pignons qui dansaient sous leurs yeux, un iota dans l'immense chaîne de la connaissance.

A cet instant précis, Kerguelen eut une conscience aiguë de l'importance du voyage qu'il entreprenait. Dépositaire du summum de l'art des hommes, il ne pouvait décevoir, au regard du roi, bien sûr, mais plus encore, au regard de l'histoire. Cette écrasante responsabilité le fit presque vaciller. Une sorte de gravité se mit à l'habiter qui ne devait plus le quitter.

Enfin, les instructions officielles arrivèrent. De Croÿ avait visiblement été convaincant. L'établissement d'une colonie n'y était plus évoqué que comme une éventualité. L'essentiel était la connaissance des Terres Australes et des antipodes, en revenant par le cap Horn pour boucler un tour du monde. Certaines choses mirent Kerguelen mal à l'aise. Tout d'abord, l'insistance avec laquelle on lui recommandait de descendre personnellement à terre, pour s'assurer des ressources, productions et mœurs des habitants. Il était explicitement autorisé, pour ce faire, à passer sur un plus petit bâtiment. Ensuite on rajoutait l'exploration de l'île de Nagtegat, que l'on supposait sur la route entre l'île de France et la France Australe et qu'il avait délibérément négligée au premier voyage. Il avait également ordre de découvrir le sort du *Gros Ventre*. Enfin, l'armement d'un troisième navire de découverte était subordonné au bon vouloir du chevalier de Ternay qui avait remplacé Desroches à Port-Louis et dont on connaissait le peu d'empressement à soutenir les explorateurs.

Une lettre de Croÿ, explicitant ces instructions lui parvint peu après et lui confirma que ses ennemis avaient attisé en haut lieu le trouble à son sujet. Il l'exhortait à faire preuve de ténacité pour revenir à terre à chaque accalmie du temps, à y rester souvent et aussi longtemps que nécessaire, à essayer de passer par le sud de la France Australe pour s'assurer que ce n'était pas une île. Il devait également tenter de descendre jusqu'au cercle polaire, ce que ne manquerait pas de faire Cook. Kerguelen maugréa qu'il était facile, depuis un salon chauffé, d'envoyer les autres à l'aventure, mais les allusions lui parurent claires. Le doute commençait à toucher ses meilleurs alliés.

Il eut à la même époque un autre sujet de préoccupation. Louise, qui l'avait soutenu sans faille, s'effondra de tristesse devant l'échéance de son départ. Elle montrait du matin au soir une figure boursouflée de larmes. Elle ne se plaignait pas ouvertement, mais par allusion à son amour grandissant pour celui à qui elle avait tout donné. Kerguelen s'agaça, tempêta, câlina sans succès. Il avait d'autant moins le cœur à la gronder, qu'il se sentait maintenant profondément attaché à elle. Louise l'avait sorti de l'angoisse, elle lui avait redonné confiance, chassant les cauchemars. A l'heure où tous se liguaient contre lui, allait-il écarter celle qui lui apportait tant et qui était sa plus ardente fidèle ?

Il eut de nouveau quelques insomnies, réfléchissant à la question, sondant son cœur et son esprit.

Un matin les choses lui parurent claires et sans différer, ni même en parler à Louise, il courut frapper chez sa sœur dont il devait s'assurer la complicité. L'idée paraissait folle.

Il s'agissait de rien de moins que d'emmener Louise avec lui à bord !

Il connaissait bien l'article 35 de l'ordonnance de la Marine de 1765 qui défendait expressément la présence de femmes à bord des navires du roi, sauf autorisation écrite. Il arrivait que ces vaisseaux transportent les femmes et filles de fonctionnaires et d'officiers en poste à l'étranger et cela faisait râler les équipages qui prétendaient que « les poulies coupées » portaient le mauvais sort. Le seul à avoir désobéi à la loi était Commerson, lors de son voyage avec Bougainville. Kerguelen se souvenait parfaitement de cette affaire, mais avait oublié le jugement sévère qu'il avait porté sur le botaniste quelques mois auparavant. Il énuméra à sa sœur médusée ses arguments. Louise était bien élevée, elle saurait se tenir et ne quitterait pas sa cabine, avec un peu de chance elle pourrait passer pour l'accompagnatrice de l'une des dames autorisées qui ne manqueraient pas de se trouver à bord. De toute façon il envisageait de la laisser à Port-Louis le temps de la mission australe. Son succès ferait pardonner l'incartade, comme cela s'était passé avec Pagès quand il était rentré de son tour du monde imprévu.

Si Catherine tenta de lui faire entendre raison en lui représentant le scandale, elle perçut rapidement qu'elle n'aurait pas gain de cause. Pour qu'il soit prêt à prendre de si gros risques au détriment de sa carrière, qui était jusqu'à présent toute sa vie, c'est qu'il avait désespérément besoin de Louise. Mais Catherine, qui pratiquait un marivaudage parfois intéressé, jugeait très excessive la passion qui dévorait son frère et elle batailla ferme. A aucun moment, Kerguelen n'évoqua l'étrange et puissant sentiment que cette jeune fille à bord serait son talisman. Sa gaieté lui donnerait le courage d'affronter à nouveau le pays de l'ombre et l'aiderait à triompher. Contre le maléfice des quarantièmes, il allait user, lui aussi, de moyens occultes, opposer la vie à la mort, l'amour à la peur. L'irrationnel de son raisonnement ne le troublait pas. Qui pouvait prétendre que la mer et la navigation n'étaient qu'une suite de chiffres et de logiques ? N'avait-il pas, régulièrement, comme tout marin, pensé en voyant un ciel s'obscurcir ou une houle arriver de nulle part que des forces inconnues œuvraient sous le miroir liquide, que des volontés énigmatiques interféraient dans la conduite du navire ? C'était cela qui l'avait si cruellement assailli lors du premier voyage. Catherine, à bout d'arguments, céda par fidélité.

On approchait de la mi-février quand Louise annonça qu'une lettre de son oncle lui enjoignait de le rejoindre en Béarn, où l'un de ses obligés souhaitait prendre femme avant d'immigrer aux Amériques. Catherine visita l'oncle à qui elle servit l'histoire inverse, d'un jeune parent de bonne éducation subitement désireux d'épouser Louise pour l'emmener au Nouveau Monde, mais dans une telle presse que le mariage serait célébré à bord. L'homme y vit l'aubaine de ne plus jamais entendre parler de restituer l'héritage et donna son accord sans barguigner. Sophie pleura de perdre son amie, mais Louise lui assura que l'aventure l'enthousiasmait. Catherine offrit un trousseau que l'on constitua à la hâte, donna quelque argent à la jeune femme et, trois semaines plus tard, la conduisit au départ de la malle... de Brest. Kerguelen lui avait retenu une chambre dans une auberge, en attendant de la faire monter à bord. Le 10 mars, il partit à son tour s'établir dans sa maison brestoise pour surveiller l'armement des navires.

Au petit matin du 16, campé sur la dunette du *Roland*, il suivait les efforts des rameurs qui, sur les barques, ahanaient pour déhaler le navire depuis la rivière Penfeld et le remorquer vers son corps-mort d'attente, en rade. Le vent d'est-sud-est favorisait la manœuvre. Dans le frais du matin, Ligniville, Charnières et Kerguelen regardaient défiler les belles façades classiques à deux étages. Les quais étaient encore déserts. Seuls quelques charretiers commençaient à décharger des caisses sur le vaste terre-plein. Avant l'affairement de la journée, il régnait une impression d'ordre et de rigueur qui plaisait aux trois officiers. Elle les rendait fiers du Corps et de cette belle ville que le roi avait bâtie pour ses marins. Ils s'emplissaient les yeux de ce spectacle paisible et n'avaient pas besoin de parler pour deviner ce que les autres ressentaient à l'aube d'un tel voyage. Seraient-ils tous trois au rendez-vous, quand le *Roland* embouquerait à nouveau la rivière, dans près de deux ans ?

C'était un mélange subtil d'inquiétude et de fierté, de nostalgie et d'excitation. Ils allaient perdre le confort d'une bonne chère, d'un lit chaud et sec, d'une compagnie variée et de la rassurante pesanteur des habitudes terriennes. Ils trouveraient l'incertitude permanente, des compagnons imposés et des conditions de vie qu'un hasard pouvait réduire à la misère. Mais ils connaîtraient l'aventure et peut-être la gloire. Ils avaient été distingués pour mener cet orgueilleux navire, sortis du lot, investis de la confiance des plus hautes autorités, pour accomplir cette mission exceptionnelle. Malgré ces idées réconfortantes, à cet instant, le doute les habitait, Kerguelen plus encore que les autres.

Heureusement, ce bateau leur redonnait le sourire. Pour chacun des trois, c'était le plus haut grade sur le plus grand vaisseau qu'ils aient jamais eu. Le *Roland* était splendide : 156 pieds de l'étrave à l'étambot, pour 40 de large ; son grand mât culminait à presque 100 pieds, dépassant aisément, dans le port, la piétaille des flûtes et des gabarres. Il dégageait une odeur réjouissante de neuf, de bois séchant et de goudron. Où que se portent les yeux, l'art des menuisiers se révélait dans l'harmonie d'une coupe et d'un assemblage. Il n'avait fallu que dix mois pour construire le *Roland*. Mais depuis des années, à travers la France entière, les arbres droits ou tors avaient été repérés par des officiers des Eaux et Forêts et martelés du sceau du roi. Il en fallait dix-sept mille pour construire un navire. Les troncs de pin acheminés au pas des bœufs à travers toute l'Europe avaient attendu, enterrés dans la vase, cette imprégnation minérale qui les rendait imputrescibles. Des savants comme Bouguer ou Borda, des constructeurs comme Sané réalisaient des plans de navires bien supérieurs à ceux des Anglais. Les scieurs de long et les manieurs d'herminette ajustaient à la perfection le chêne maigre des varangues et le chêne gras des bordés. Chaque essence trouvait son exacte utilisation : l'orme pour les pièces de quille soumises à l'humidité, l'acacia dense pour les chevilles d'assemblage, le peuplier pour les sculptures du château arrière. Sur le pont, rien ne manquait du fouillis de glènes, de chanvre et de grelins patiemment épissés, des poulies d'orme et de houx et des mètres carrés de toile de lin blanchi. L'éperon avant portait en figure de proue une Minerve casquée tirant son glaive, incitant à l'audace. La poupe, avec son décor de feuilles et ses colonnades, était élégante et fonctionnelle, comme il sied aux navires du roi. Elle était surmontée d'un imposant fanal de poupe, chef-d'œuvre de corne et de ferblanterie, qui semblait une allégorie de la lumière de l'esprit se répandant sur le monde.

De la dunette, à près de 15 pieds au-dessus de l'eau, les trois hommes savourèrent un sentiment d'invincibilité. La seule ombre au tableau était l'indescriptible bric-à-brac qui encombrait le pont et les gaillards. On avait eu beau descendre à fond de cale 28 des 64 canons et leurs affûts, il avait encore fallu condamner les sabords de l'entrepont pour entasser des marchandises le long du bordé. Nombre d'hommes n'avaient plus la place d'étendre leurs hamacs et se blottissaient au sommet des ballots. Malgré cela, les cales débordaient encore comme des bouches trop pleines, autour des panneaux de soute. Un fatras de malles, de tonneaux et de caisses s'entassaient le long des parcs à bestiaux et autour des chaloupes. Ligniville, chargé de l'arrimage, hurlait de sa voix rauque, sa manche vide battant la mesure. Il semblait totalement impossible de faire avaler au bateau les vivres d'une année pour les 417 marins, plus la cambuse des officiers, quatre mois d'eau douce, des chaloupes en pièces détachées, 20 tonnes supplémentaires de biscuits, près de 35 tonnes de clous et fers et 40 tonnes de matériel pour *L'Oiseau* qui débordait lui aussi. Restaient encore à caser les vêtements d'hiver de six cents hommes, les caisses de selles et de brides, d'outils et d'instruments de labour, les planches et matériaux de construction, les briques pour faire le four, la chaîne, les toiles à voile et le bois de la cuisine. A l'instar de Kerguelen, d'autres officiers emmenaient de la pacotille et, de proche en proche, on n'avait pu défendre aux maîtres d'équipage d'en faire autant, ce qui ajoutait à la pagaille. Enfin, le *Roland* devait convoyer à l'île de France une certaine dame Bertrand du Fayet, sa fille, sa servante et leurs bagages, et un régiment entier. Son colonel ne se déplaçait pas sans ses meubles, sa batterie de cuisine, ses caisses de vin et de chandelles. Il y en avait tant et tant que Kerguelen défendit d'embarquer de la farine en plus pour Port-Louis, qui se plaignait de famine après le passage des cyclones.

Le 24 mars 1773, on fit la revue de l'équipage. Les hommes dans leurs habits neufs reçurent leur demi-solde, avec interdiction de retourner à terre la boire. Dans l'après-midi, ceux qui n'étaient pas de corvée pour achever d'arrimer une cargaison, qui, faute de place, allait demeurer sur le pont, procédèrent à la chasse aux enfants perdus. L'équipage adorait ce jeu de cache-cache consistant à dénicher les petits orphelins qui se dissimulaient dans le dédale des soutes et des cales. Ils espéraient des jours meilleurs dans des pays supposés de cocagne, en tout cas ils fuyaient la misère et une mort certaine dans l'abandon des grandes villes. Les capitaines rechignaient à nourrir ces gosses incapables pendant les longues traversées.

Ils se comptaient parfois par dizaines, surtout depuis que le typhus avait ravagé le port de Brest. Pendant quelques heures, le *Roland* retentit des exclamations excitées des marins, profitant d'une dernière aubaine pour se divertir, des cris et des pleurs des enfants qu'on ramenait à terre après les avoir copieusement talochés. Ce même jour, messieurs les savants prirent leurs quartiers et les récriminations commencèrent. Ils étaient eux aussi à l'étroit. On avait établi des cloisons de grosse toile de part et d'autre de la Grande Chambre, pour leur aménager de minuscules espaces contenant à peine un lit, un coffre et une petite table. Ils refusaient de voir descendre leurs livres et leurs instruments dans les cales, s'énervaient que leurs valets ne soient pas logés à portée de voix et échangeaient des mots acerbes avec Ligniville. Celui-ci, bien décidé à mettre tout de suite au pas ces civils turbulents, grognait des réponses incompréhensibles entre ses dents.

Avec le soir, le calme revint à bord. Le *Roland* et *L'Oiseau* étaient mouillés à quelques encablures. La nuit était fraîche, le ciel promettait du nord-est favorable pour le départ. Le lendemain, les deux navires déploieraient leurs vergues et leurs voiles, de conserve, pour des mois d'aventures. L'incertitude pesait sur les esprits, rendant les hommes taciturnes. Kerguelen avait prétexté des soucis de dernière minute pour ne pas paraître au dîner qu'un capitaine offre traditionnellement à ses officiers et passagers, la veille des départs. Il s'était fait servir seul au bout de la vaste table à quinze fauteuils de la Chambre du Conseil. Du coup le repas des autres, dans la Grande Chambre, fut aussi écourté. Ils auraient de toute façon tant d'heures d'oisiveté et d'ennui pour s'entretenir, se plaire ou se déchirer. Il n'y eut bientôt plus que le pas lent des sentinelles pour troubler la paix nocturne.

Vers 23 heures, le vent était tombé et la brume commençait à s'appesantir en longues traînées au ras de l'eau. Un canot manœuvré à la rame accosta la muraille du *Roland*, le long de la coupée. Le patron de l'embarcation leva la tête et dit d'une voix étouffée « C'est nous ! », pendant que ses deux matelots empoignaient une malle et un sac de voyage pour les porter à bord. Aucun des hommes de quart ne fit un geste, pas même quand une forme typiquement féminine se hissa avec un peu de peine sur l'échelle. Elle se dirigea sans hésiter vers la Chambre du Conseil, les deux hommes sur ses talons portant les bagages. Ils ressortirent aussitôt et elle resta quelques minutes adossée sur la porte moulurée pour maîtriser son souffle. Elle n'avait pas vraiment conscience de la déraison de sa présence à bord, sa confiance était aussi totale que son insouciance. Malgré tout, le romantisme, la nouveauté, l'inconnu lui tournaient la tête et lui pesaient au creux du ventre. Donnant vers l'arrière sur la Chambre du Conseil, il y avait deux portes vitrées voilées de coutil, la cabine de Kerguelen et celle de Charnières, son second, qui était condamnée pour laisser au commandant la jouissance de l'appartement. Un rai de lumière filtrait de celle de tribord. Louise s'y dirigea.

Chapitre 8

Kerguelen se réfugiait de plus en plus souvent sur la galerie arrière. Il s'y sentait à l'abri, protégé du harcèlement des imbéciles de la Grande Chambre. Appuyé à la balustrade, il se laissait hypnotiser par le sillage, regardant les cordons de bulles blanchâtres naître de la coque comme une chevelure pour s'évanouir dans un léger chuintement. Ce spectacle l'apaisait, lui donnait l'impression d'un déroulement serein, où chaque chose évoluait selon un ordre immuable. Il goûta la fraîcheur de l'air qui s'installait depuis que l'on s'éloignait des touffeurs du Pot-au-Noir. Il aperçut un albatros, le premier du voyage, signe que l'on atteignait le sud de l'Afrique. L'oiseau s'approcha, tournant méthodiquement la tête pour voir si rien d'intéressant ne s'échappait du bateau. Il y avait peu de vent. Une grosse houle demeurait et l'animal utilisait avec une précision diabolique les ascendances créées par les vagues pour planer sans un battement d'ailes. Il comprenait pourquoi les équipages haïssaient les albatros. C'était de la jalousie. Les lourds oiseaux avaient trop d'aisance quand la mer meurtrissait les marins. Ils paraissaient trop libres, trop gracieux, trop heureux quand la misère régnait sur le pont et dans les coursives. Les hommes se sentaient nargués, d'autant plus que leur regard et leur bec acéré entretenaient le fantasme qu'ils ne suivaient le bateau que pour y guetter quelque proie humaine tombée à l'eau. Si un albatros se posait sur le pont, cette curiosité le conduisait à la mort par bastonnade, sa tête naturalisée finissait en décor pour la Grande Chambre et ses pattes palmées faisaient de parfaites blagues à tabac.

On en avait fini avec les calmes de la zone de Sainte-Hélène, sans, pour l'instant, essuyer de tempête. Le ciel était plaisamment animé de cumulus inoffensifs et l'océan était d'un beau bleu-vert sur lequel les deux navires filaient tout dessus, vers l'escale du Cap. En plus des albatros, des dizaines, parfois des centaines d'oiseaux entouraient les bateaux, mouettes, goélands, satanites, alouettes de mer, ou minuscules damiers du Cap bicolores. Ils se posaient dans le sillage, se laissaient distancer en surveillant l'avancée du bateau, puis, pédalant fermement à la surface de l'eau, s'élevaient à nouveau pour reprendre leur place autour du gréement. Bizarrement, certains essayaient de se poser sur les espars, mais leurs calculs étaient contrariés par un subit mouvement de houle qui leur envoyait la vergue dans les ailes. Ils s'éloignaient alors d'un vol meurtri et maladroit qui faisait se tordre de rire les gabiers.

Depuis le départ, la navigation n'avait posé aucun problème. On avait coupé l'équateur le 21 avril et le 2 mai on apercevait les îlots Martin Vaz, au large du Brésil. On s'était alors dirigé vers l'est-sud-est, suivant les vents portants. La masse rectangulaire et trapue de la montagne de la Table allait apparaître d'ici trois jours au plus, et à son pied, la ville du Cap.

Pourtant tout allait de travers et Kerguelen ne se souvenait pas d'un voyage aussi exécrable.

Dès le premier jour, l'arrivée de Louise pour le dîner dans la Chambre du Conseil avait fait l'effet d'une bombe. Pour se rattraper de la veille, Kerguelen, en grand uniforme, avait invité son monde. En plus des officiers du bord, il y avait les dames Bertrand, le colonel de Lort, le botaniste Bruguières, l'astronome Mersais, Dubois le dessinateur, et Marier de La Gâtinerie, un jeune ingénieur qui avait joué des protections de son oncle, le nouveau gouverneur de l'île de France, pour embarquer au dernier moment comme aide-dessinateur. Louise, modestement vêtue de gris, une grande écharpe de soie brochée bleue cachant sa gorge, s'était installée sur l'une des banquettes-caissons sous les fenêtres arrière, bavardant avec Mademoiselle Bertrand, comme s'il s'agissait d'une vieille amie.

Le matin même, Kerguelen avait eu un long entretien avec la mère et la fille. Il s'était acquis leur amitié par quelques allusions libertines à leur beauté et leurs charmes et leur avait proposé la libre disposition de la Chambre du Conseil pour en faire leur appartement, en échange de leur complicité. L'une comme l'autre n'avaient pas cru un mot de l'histoire de la nièce pauvre tirée au dernier moment d'un mauvais mariage, mais la perspective de quitter le réduit obscur qu'on leur avait assigné et l'excitation d'être dans une confidence scandaleuse les avaient vite conquises. Comme les deux jeunes filles s'appelaient Louise, la protégée de Kerguelen fut baptisée Louison.

Du Cheyron, Mersais et Bruguières arrivèrent les premiers au déjeuner. Du Cheyron était le plus petit, mais le plus soigné des trois. C'était un brun à la peau mate, des yeux noirs brillants sous une abondante perruque et un perpétuel sourire qui le rendait plutôt séduisant, voire conquérant, à côté des deux autres, blondins à la figure plus mièvre. A son uniforme visiblement neuf d'enseigne de vaisseau, il avait rajouté, par une surprenante coquetterie, un ruban doré sur le haut de ses bas, et sur les manches. Sa réputation de fauteur de troubles l'avait précédé. Toujours enseigne à trente-six ans, il subissait le discret dédain des officiers supérieurs du *Roland* et avait déjà essayé de se consoler auprès des dames Bertrand et des savants. Parmi les émules de la faculté, deux camps s'étaient formés. Bruguières, Mersais et La Gâtinerie se croyaient le cœur de l'expédition et avaient été choqués par l'accueil plutôt indifférent qu'on leur avait réservé. Seul Dubois restait modeste, ne pensant qu'à sa peinture.

Les trois jeunes gens étaient entrés en parlant haut, mais leurs voix s'éteignirent immédiatement devant le spectacle. Pendant une seconde, tout le monde échangea des regards, sauf Louison qui baissait les yeux.

— Mademoiselle ? s'enquit du Cheyron, en s'arrêtant devant elle, avec une insolence amusée.

— Ah, messieurs, venez vous présenter ! intervint Kerguelen. Mademoiselle Seguin s'est jointe à nous pour le voyage. La longue amitié qu'elle entretient avec Mademoiselle du Fayet l'a convaincue, in extremis, d'accompagner son amie à Port-Louis !

La phrase précipitée et le ton guindé sonnèrent si faux que même les domestiques, qui disposaient l'argenterie, ralentirent le pas pour attendre la suite.

— Vraiment ! Quel bonheur !

Du Cheyron avait immédiatement répliqué. On voyait qu'il cherchait à éclaircir la situation et regardait du côté de Louison comme un chat qui guette une souris.

— Monsieur, le *Roland* est un bien heureux navire d'avoir de si charmants et inespérés ornements !

Il avait légèrement ralenti sur « inespéré », mais rien ne pouvait passer pour inconvenant. Du Cheyron se comportait à la manière d'un officier supérieur. Sa voix sonnait juste, comme celle d'un nanti, d'un homme habitué aux faveurs des dames et du monde, plus encore comme celle du fils d'une famille assez riche et puissante pour que tout lui soit permis sans qu'il eût jamais à faire ses preuves. Il était contrarié par cette mutation sur le *Roland* qui l'éloignait des tables de jeu et des alcôves et s'était juré de continuer à se distraire. Voilà que ce lourdaud de commandant lui offrait dès le départ une occasion aussi cocasse qu'inattendue !

Kerguelen avait frémi de surprise sous l'attaque et cela n'échappa à personne. Madame du Fayet, qui se délectait de la situation et commençait à regarder du côté de du Cheyron avec intérêt, intervint. Il fallait mériter le surclassement dans la Chambre du Conseil.

— Mes deux Louise sont inséparables, messieurs ! Pensez, sept ans ensemble au couvent de la Madeleine ! Ma fille se désolait tant d'embarquer seule, finalement je n'ai pas eu le cœur de les séparer. D'ailleurs la vie à l'île de France ne doit pas être si drôle, au milieu des sauvages, toute compagnie sera bienvenue.

L'arrivée de l'aumônier Mahéo et du chirurgien Laporte lui permit d'interrompre son numéro. Kerguelen refit les présentations avec encore plus d'embarras, pendant que du Cheyron adressait un clin d'œil à chacun. La scène se reproduisit à l'identique jusqu'à ce que le dernier convive soit arrivé, si bien que, lorsque les valets amenèrent les premiers pâtés, un silence convenu planait dans la pièce. Pendant un temps on n'entendit que le bruit de la porcelaine et du cristal que couvraient par moments les craquements du bordé et les chuintements perceptibles de l'eau.

Tout le reste du repas, du Cheyron poussa son avantage. Il avait mis les rieurs de son côté par la promptitude de ses reparties et l'aptitude qu'il avait montrée à déceler cette situation ambiguë. A lui seul, il monopolisait la conversation, faisait la leçon à l'abbé sur la prononciation de « vobiscum » où l'on devait faire entendre le « oum » et non pas le « um » et moquait Charnières de l'encombrement impensable de son mégamètre. Les jeunes savants, qui s'inquiétaient de la bienveillance que pourrait leur manifester le Corps fermé de la Marine, étaient soulagés de trouver un jeune officier aussi cultivé. Ils lui donnèrent donc la réplique. Kerguelen, vexé et inquiet, ne s'adressait ostensiblement qu'à Madame du Fayet et au colonel. Les deux Louise se taisaient. Emportés par leur suffisance, les jeunes gens faisaient également assaut d'alcool. Chacun voulait faire goûter les crus de sa cave. L'un des valets était exclusivement dédié à décacheter les bouteilles et remplir les verres. Quand on amena la crème et les fruits du dernier service, ils avaient bu copieusement. La conversation de leur côté de la table se mit à rouler sur les carrières respectives. Mersais pérorait, son jabot de dentelle souillé de nourriture :

— Voyez-vous, pour nous autres astronomes, la valeur est bien mal récompensée. Vous pouvez passer vos nuits à l'observatoire et vos jours en calculs, tant qu'un vieux barbon tient le poste et la rente, vous serez dans la misère. On finit par espérer une bonne épidémie de typhus, pour dégager la voie. Mais ils sont coriaces ces vieux ! Aucune charge à espérer avant trente-cinq ou quarante ans, quel que soit votre mérite !

— Et encore, renchérit Bruguières, quand les intrigues et les passe-droits ne vous privent pas de ce qui vous revient. L'arbitraire est total, à la faculté comme à l'Académie. Il n'y a ni règle, ni logique. Mieux vaut avoir des amis en haut lieu que s'éreinter sur un mémoire, croyez-moi !

— Au moins pour vous, les marins, enchaîna La Gâtinerie, les choses sont claires. Les grades sont organisés et chaque aventure valeureuse, chaque bravoure au combat vous élève dans la carrière.

— Détrompez-vous, répliqua du Cheyron.

Il avait perçu qu'en bout de table, du côté de Kerguelen, la conversation avait ralenti et que l'on tendait l'oreille puisque l'on parlait de la Marine. Emporté par l'alcool et la vanité d'avoir tenu tête à son commandant, il poursuivit :

— Chez nous aussi le népotisme règne. Celui qui n'a pas de relations peut bien avoir toutes les plus glorieuses cicatrices, il se fera passer par de plus intrigants. Voyez, moi, à trente-six ans je ne suis que troisième enseigne sur ce bateau. Il est vrai que je n'ai pas de sœur coquine à Paris, pour s'occuper de mes affaires !

L'allusion à Catherine de Marolles était si claire que tous les visages se tournèrent vers Kerguelen. Il vacilla sous l'attaque frontale et la sueur lui monta au front. A nouveau, un épais silence s'établit, chacun s'efforçant de reposer son couvert sans le heurter. Tous sentirent que Kerguelen était à un cheveu d'attraper l'autre au collet et certains s'en réjouissaient déjà. Ligniville, en milieu de table, sauva sans un mot la situation. Il réussit à capter le regard de Kerguelen. Il y avait une telle force de loyauté et, en même temps, de modération dans ses yeux qu'ils ramenèrent le commandant du *Roland* aux réalités de cette navigation qui ne faisait que commencer et à l'importance supérieure de la mission. Un scandale, des officiers qui se battent entre eux, c'était la cour martiale, quel que soit le motif de la dispute. Mieux valait esquiver, d'autant qu'il perçut que du Cheyron, qui feignait de ne s'apercevoir de rien regardait ouvertement du côté de Louison, comme pour lui mettre le marché en main.

Kerguelen posa sa serviette damassée sur la table, se leva et dit d'un ton sec :

— Eh bien, messieurs, l'heure tourne et Monsieur Pagès va devoir être remplacé au quart. Je vous prie de regagner vos postes. Mesdames, vous m'excuserez, il me reste à revoir certains mémoires et à prendre des dispositions pour ce voyage.

Dans un grand bruit de chaises qui contrastait avec le silence précédent, tout le monde se leva et salua. Lair, son domestique qui était à nouveau du voyage, s'empressa de lui ouvrir la porte. On allait avoir de beaux sujets de discussions, cet après-midi, à l'office !

Sur la dunette, le vent de nord-est frisquet lui fit du bien. La sueur lui collait encore au visage et il se retint de déboutonner sa veste de grand uniforme. Il ne fallait pas se négliger dès le premier jour. Machinalement, il porta la main sur sa croix de Saint-Louis. Ce petit geste lui fit du bien mais ne calmait pas sa colère. Ce blanc-bec lui manquait ouvertement de respect, se moquait de lui. Il allait entraîner, dans sa contagion, ces petits savants qui ne savaient que bien parler.

Il arpentait la dunette d'un pas si rageur, que même les hommes de quart le notèrent en se demandant ce que cela signifiait, dès ce début de voyage. En fait, Kerguelen était furieux contre lui-même. Il avait très mal négocié ce premier repas qui, d'habitude, ne sert qu'à marquer les convenances et les préséances à travers le subtil ordonnancement de la conversation. Or il s'était fait prendre en faute à propos de Louison, et son autorité en était ternie. Son histoire bâclée avait fait long feu auprès d'un du Cheyron rompu aux intrigues de salon. Sans cet esprit hostile, tout le monde aurait fait semblant de croire à l'histoire du couvent. Maintenant, il était publiquement désigné comme contrevenant aux ordonnances royales et menteur. Plus il repensait à ce repas, plus il lui semblait également que du Cheyron et les autres avaient fait exprès d'aborder des sujets savants, comme pour le prendre en faute, ou lui signifier qu'il n'était qu'un lourdaud de marin, un nobliau de province. Il grinça des dents à cette idée et martela furieusement la lisse. Là au moins, il leur clouerait le bec. Saisi d'une angoisse de persécution, il se mit en tête que ces hommes jeunes et bien faits s'attribuaient déjà un avantage physique qu'ils auraient à cœur de faire valoir auprès des dames et surtout de Louison. Il les imaginait, vautrés sur les banquettes de la Grande Chambre, se moquant de son teint rougeaud et de son nez tordu. Il fut brusquement assailli par le même sentiment que celui qu'il avait ressenti en ouvrant les courriers de Mannevillette et de Marigny, dix-huit mois auparavant. Il y avait une cabale contre lui, des envieux cherchaient à l'abattre, usant de ses plus légères fautes pour l'éreinter. Il n'avait échappé à ses ennemis à terre que pour en retrouver d'aussi féroces à bord. Comme la première fois, il fut accablé par un sentiment d'injustice, en proie à cette même bizarre impression qu'une malédiction s'acharnait sur lui. Il ne pouvait s'empêcher de penser que s'il s'était tenu éloigné des Terres Australes, s'il avait pris un autre commandement, pour n'importe où dans le monde, rien de tout cela ne serait arrivé.

Il s'était figé, maintenant, appuyé au fronteau du gaillard, le regard perdu, il ne voyait même pas les hommes qui commençaient de s'affairer auprès des bittons de huniers pour réduire la toile dans le nord-est fraîchissant. Il n'entendait pas les sifflets des maîtres d'équipage guider la manœuvre, le vacarme des sabots sur le pont, les cris rituels des gabiers arrivant à leurs postes, les claquements de la toile et les grincements des poulies de buis. Une rafale fit voler les pans de son justaucorps d'apparat, et dérangea sa perruque. Immobile au milieu du tourbillon, il était comme un épouvantail incapable de chasser des oiseaux, impuissant à dissiper la vision qui le hantait. Au lieu de la mer d'un beau vert marbré de blanc, sous le ciel clair d'avril, il imaginait devant l'étrave du *Roland* la cathédrale de rocs noirs du cap Bourbon, sur laquelle le bateau allait s'empaler aussi sûrement que ses ennemis auraient sa peau.

Il prit le parti d'éviter l'affrontement. Louison n'était même pas portée au rôle d'équipage, sa faute était donc patente. Il se savait enclin aux accès de colère, mais il avait bien compris le message de Ligniville : le moindre esclandre pouvait dégénérer. En attendant d'arriver à l'île de France, où il était bien décidé à laisser provisoirement la jeune fille, il fallait continuer à jouer le jeu et se draper dans la dignité de sa fonction pour avoir la paix.

De ce moment, il n'apparut quasiment plus jamais dehors, sauf quand Ligniville était de quart. Il avait fait placer une sentinelle à l'entrée de la Chambre du Conseil au motif de ne pas importuner les dames. Il passait le plus clair de son temps dans la petite alcôve de sa chambre avec Louison, ou à bavarder avec le colonel et les femmes. Comme le babillage des Bertrand, mère et fille, l'insupportait et qu'il devait en permanence repousser leurs avances presque égrillardes, il prit cette habitude de rester des heures seul sur la galerie arrière. Là, contemplant le sillage, il se persuadait que tout s'oublierait en arrivant à l'île de France, de même que la trace d'un bateau disparaît naturellement dans le désordre des vagues.

Du Cheyron comprit qu'il avait marqué des points au-delà de ses espérances. Il prit le parti d'en profiter pour s'amuser et tenter de pousser à bout ce commandant pour qui il avait eu une aversion spontanée. Il entreprit donc une vraie campagne de provocation, que Ligniville, Forestier l'écrivain ou Bienboire rapportaient à Kerguelen, s'étonnant en silence qu'aucune sanction ne tombe. Un soir, après souper, du Cheyron appela Favarin, son domestique, pour se faire passer son bonnet et sa chemise de nuit dehors, au vu de tous, assis sur le banc de quart, plaisantant à voix haute sur ses qualités physiques à l'adresse des dames qu'il savait juste au-dessus sur la dunette. Au passage de l'équateur, il poussa un mousse nu, barbouillé de suie, dans la Chambre du Conseil, en riant des hurlements effarouchés des femmes. Presque toutes les nuits, il s'attardait dans la Grande Chambre, en compagnie des savants et de quelques pilotins, à jouer au piquet, au trictrac, buvant, chantant, réclamant de la lumière après 9 heures. A tous moments, il poussait sa petite coterie, La Gâtinerie, Mersais, et Bruguières, à s'insurger contre les règlements. L'affaire de la lumière manqua de dégénérer. Quand Ligniville ordonna que l'on éteignît, Mersais tempêta qu'il en avait besoin pour ses observations astronomiques nocturnes, qu'on l'empêchait de travailler, alla jusqu'à affirmer que c'était lui la tête pensante de l'expédition. Après quelques atermoiements, Kerguelen céda. Chaque instant de la vie à bord devint un sujet de discussions et d'affrontements.

La seule chose qui faisait vraiment sortir Kerguelen de ses gonds, c'est qu'on s'en prît à Louison et son adversaire l'avait bien compris. Aussi, autant par désœuvrement, quand le navire traçait péniblement son sillage dans les petits airs de l'Atlantique, que pour exciter son ennemi, du Cheyron se mit à l'assiéger. Kerguelen avait enjoint la discrétion à sa protégée, autant à cause de son trouble statut que par souci de son équipage. Ils étaient à bord 413 hommes et 4 femmes en comptant « l'Ange », la femme de chambre de Madame du Fayet. Plus le temps passait, plus l'apparition d'un jupon sur la dunette faisait monter la tension, même chez les plus humbles qui n'avaient pas le droit de lever les yeux dans cette direction. Louison, avec sa si jolie silhouette, forçait le regard. Pour autant, il ne pouvait pas l'enfermer en permanence dans sa cabine. Dès qu'elle apparaissait sur le gaillard d'arrière, du Cheyron semblait mystérieusement prévenu et accourait, la perruque irréprochablement poudrée. Elle eut la tentation de jouer, mais Kerguelen la mit violemment en garde. C'était une âme simple, il la fascinait et maintenant elle dépendait entièrement de lui pour sa survie. Elle s'excusa en pleurant.

Pour accabler un peu plus son commandant, une maladie inconnue se déclara à bord du *Roland*. On venait de quitter l'alizé d'Atlantique nord. Sans sa brise vigoureuse, la chaleur devenait insupportable et, avec elle, la puanteur et la vermine.

Dans l'entrepont, la situation était aggravée par le fait que l'on avait installé sur un caillebotis une partie du parc à moutons, vu le manque de place dehors près des chaloupes. Dès que le bateau gîtait un peu, les déjections et la paille souillée dégoulinaient sous les hamacs, entre les caisses et les ballots, sans que l'on puisse les nettoyer. Il était impossible d'aérer car deux sabords sur trois étaient bloqués par l'excès de marchandises.

Même Peufrat, le vieux contremaître de cale, n'avait pas vu, en trente ans de marine, grouiller autant de cafards, de puces et toutes sortes de parasites qui rampaient et tourmentaient les corps endormis. Dans cet univers renfermé, on avait beau faire deux fois par semaine des fumigations de soufre et de vinaigre, où que l'on posât la main tout était gluant. Si l'on déplaçait un fût, on mettait au jour un fourmillement de larves et d'asticots. Le coq se plaignit que les barils de viande et de légumes secs, à peine entamés, grouillaient déjà de vers blancs comme en fin de campagne. Un incident avait éclaté quand un homme, venu chercher le plat collectif à la cambuse, avait craché dans la gamelle du cuisinier en l'insultant.

A l'approche du Pot-au-Noir, le bateau se traînait sous un ciel encombré d'énormes cumulus, dans une moiteur étouffante. L'air était grisâtre, épais comme une purée, et les voiles pendaient comme de vieux chiffons. De temps à autre un nuage crevait, répandant un déluge qui rajoutait encore à l'humidité ambiante. L'infirmerie commença à se peupler et quand les quinze cadres furent pleins de malades aux symptômes similaires, le chirurgien Laporte vint frapper à la Chambre du Conseil.

— Monsieur, je crois que nous avons un problème.

Kerguelen était seul dans la vaste pièce lambrissée, rêvassant sur le petit bureau qu'il s'était fait aménager, près des fenêtres arrière, pour consulter ses cartes et reporter les mesures astronomiques. Il s'entendait assez bien avec ce grand escogriffe de praticien qui n'avait pris part à aucune querelle.

— Asseyez-vous, Laporte. Qu'est-ce qui vous inquiète ?

L'homme s'affala plus qu'il ne s'assit. Il était d'une maigreur terrible et souvent négligé. La redingote noire qu'il avait fait l'effort de passer pour la circonstance lui tombait autour des flancs et laissait apparaître une chemise douteuse. Mais c'était un homme dévoué et qui se préoccupait de la santé de « ses » marins.

— Je ne sais pas, monsieur, mais en moins d'une semaine, j'ai quinze malades gravement atteints. Il viennent me voir pour une forte fièvre, mais aussitôt après, ils se vident par les deux bouts. Ce n'est ni le typhus, ni la fièvre jaune, ni aucune sorte de dysenterie connue car j'ai déjà passé la moitié de mon stock de diascordium et de sima ruba, sans résultat. C'est une étrange fièvre putride et ce qui m'inquiète c'est son caractère d'épidémie, car en plus des alités, j'en ai dix autres en surveillance qui prennent le même chemin.

Kerguelen retint un geste d'agacement. Une épidémie à bord, il ne manquait plus que cela ! Mais il prit le praticien au sérieux.

— Avez-vous une idée de la cause ?

— Eh bien, monsieur, je ne sais, mais ce pourrait être en relation avec la nourriture. Tout le monde se plaint qu'elle est déjà gâtée. Il semble qu'une humidité anormale assaille le *Roland.* Elle gâte et corrompt tout.

Kerguelen voulut se rendre compte par lui-même de l'état des malades. Dès que l'on approchait de la grande échelle, l'odeur de pourriture et de déjections était suffocante. Les deux hommes armés de lanternes s'enfoncèrent dans l'obscurité nauséabonde. L'air, saturé d'humidité, leur collait à la peau et Kerguelen transpirait abondamment. Des rats détalaient, dérangés par la lumière. L'infirmerie était située au milieu de l'entrepont, délimitée par des tentures. A sa hauteur, on avait réussi à ouvrir les sabords, mais comme il n'y avait pas de vent, la fraîcheur ne pénétrait pas. Sur leurs cadres en bois tendus de grosse toile, les hommes, dans le demi-jour, avaient déjà les couleurs livides de la mort. La plupart d'entre eux ne bougeaient pas, ou n'étaient agités que de faibles tremblements, leurs torses luisaient de sueur. Un tout jeune garçon se mit à hoqueter, puis vomit un liquide verdâtre. Son voisin, tiré de sa torpeur, réclama à boire. L'un des aides de Laporte lui apporta une grande louche. On venait d'achever les saignées quotidiennes et Kerguelen failli buter dans un baquet de sang. Il fut pris d'un sursaut d'horreur et d'une furieuse envie de fuir. De toutes façon, il en savait assez, aucun de ces hommes ne verrait Port-Louis.

En débouchant sur le pont de batterie, il aspira, comme une rédemption, l'air pourtant moite.

Déjà, on appelait Laporte pour le cas d'un fusilier-marin qui tremblait de fièvre en pleurant.

Kerguelen ordonna une inspection générale des vivres et convoqua Charnières, Ligniville, Prénat et Labouré, les deux commis aux cales. A nouveau les hommes s'enfoncèrent dans le ventre puant. Ils commencèrent leur visite par l'arrière et les soutes à biscuit. Il y régnait un remugle de pourriture douceâtre, presque sucrée, quand d'ordinaire, sur un bateau neuf, ces caissons tapissés de toile brayée sont imprégnés d'un mélange de romarin, sauge, absinthe et poivre qui persiste une grande partie du voyage. Sur les cinq qu'ils ouvrirent, deux étaient déjà fortement contaminés par les vers, qui se tortillaient par paquets, dans la lueur des lanternes. Ils étaient par endroits si nombreux que l'on avait l'impression que la masse de biscuit était vivante, animée de convulsions lascives.

Prénat jura :

— Bon Dieu, v'là déjà la ration pourrie, après trois semaines ! On a pas fini d'avaler de la machemoure ! Ça va groumer autour des plats !

— Voyez, monsieur, intervint Ligniville en élevant son fanal, ne dirait-on pas que c'est de la coque que vient l'humidité.

Par plaques, en effet, le bordé présentait de grandes taches sombres, comme si le bois lui-même sécrétait un jus corrompu.

— Bateau trop neuf, lâcha Charnières. Il aurait dû sécher un an ou deux avant pareil voyage.

Il ne disait cela que comme une constatation, mais Kerguelen le prit pour lui, qui avait tant insisté pour avoir le *Roland*. Il ne fit aucun commentaire et, dans l'obscurité, les autres ne virent pas la grimace d'angoisse qui marquait son visage.

Ils progressèrent ensuite vers l'avant dans l'étroit passage, le long de la muraille, visitant une à une les stalles obscures. La houle molle qui tourmentait le bateau le faisait gémir en longs craquements, mais le son en était comme absorbé par cet air chaud, lourd et immobile, de sorte que l'on ne pouvait dire de quel côté il provenait. L'impression en était angoissante. Dans la soute aux légumes secs, de prime abord, l'ordonnancement impeccable des tonneaux de châtaignier cerclés, des barils et des sacs de grosse toile était rassurant. A la lueur des fanaux, on pouvait lire les noms, les poids, les provenances des fèves, pois, haricots et autres légumineuses. Mais on y voyait le même phénomène d'humidité, les cloisons semblaient enduites d'une substance gluante et, surtout, l'odeur de charogne était ignoble, insoutenable. Dans une partie des sacs entreposés contre le bordé, les légumes tassés formaient des boules d'une bouillie infecte, d'où dégoutait un jus noirâtre qui, de proche en proche, se répandait sur le plancher et allait contaminer les sacs voisins. Les quatre hommes étaient blêmes, autant de consternation qu'à cause d'une puissante envie de vomir.

— Mon Dieu, s'exclama Charnières, nous ne trouverons jamais assez au Cap et encore moins à l'île de France, pour remplacer ces provisions !

— Alors, il faudra faire avec ! repartit sèchement Ligniville. Soldats et marins ne sont pas là pour faire des banquets !

— Triez-moi tout cela, nettoyez cette puanteur et faites un rapport !

Kerguelen ramassa sa lanterne et remonta précipitamment. Dans un accès de paranoïa il alla jusqu'à imaginer que ses ennemis avaient sciemment endommagé les vivres et envoyé du Cheyron pour le constater et rendre compte de sa défaite.

Il s'installa dans sa chambre d'où il renvoya Louison avec brusquerie, ouvrit la fenêtre et sortit un armagnac de son placard d'angle. Deux grandes rasades le calmèrent et il s'abandonna dans le grand fauteuil. Non ! La mission n'était pas perdue, il trouverait des solutions ou on se serrerait la ceinture ! Ah, Louison ne le protégeait guère du mauvais sort ! Ambiance détestable, vivres pourris, quelle calamité allait encore lui tomber sur la tête ? Quel mauvais génie s'acharnait sur le voyage ? Tout cela pour quoi ? Quelques arpents de cailloux perdus dans des mers ténébreuses ! Il se mordait les doigts maintenant de son rapport enflammé, mais avait-il vraiment eu le choix ? Est-ce que quelqu'un, à la cour ou à l'Académie, aurait admis qu'il cassât leur mirobolant espoir de cinquième continent ? Est-ce que cela n'aurait pas été pour lui la disgrâce, à coup sûr ? Il maudissait Bougainville d'avoir, avec sa description idyllique de Tahiti, échauffé les esprits au point que la vérité s'était révélée impossible à dire. Une brusque bourrasque entra par la fenêtre ouverte et le ramena à la réalité. Un énorme grain noir et mauve avait envahi le ciel, précédé de ses rafales. Elles lui amenèrent les effluves d'eau douce, cette odeur un peu fade. Sous le cumulonimbus, la mer était gris sombre, hachée de pluie, comme si elle bouillait. La lumière arrivait de dessous le nuage et, diffractant sur chaque goutte d'eau, emplissait l'air d'une vapeur jaune pâle, totalement irréelle. Il pensa que ce temps était à l'unisson de son esprit confus et désordonné, sur lequel planait aussi une sorte de nuée sombre.

Le 28 mai, le *Roland* arrivait enfin à False Bay [1], avec cinq morts et quatre-vingts malades. Comme pour le narguer, *L'Oiseau* était là depuis deux jours, en parfait état avec son équipage en bonne santé. Un mois auparavant, sans bien sûr qu'ils le sachent, Cook avait atteint la Nouvelle-Zélande, après des mois d'une navigation d'anthologie, à la lisière des glaces dans le Grand Sud. Il avait tenté sans succès de retrouver les îles de Kerguelen, mais surtout, son parcours à proximité du 60e anéantissait à jamais l'espoir d'un continent austral. Il déclarait qu'à son avis, il ne pouvait exister,

1. La ville du Cap est située dans False Bay.

sous ces latitudes, que quelques îles éparses bien peu propices aux établissements humains. Avant même qu'ils aient rejoint le théâtre des opérations, la mission du *Roland* et de *L'Oiseau* était donc sans objet.

Dès son arrivée au Cap, Kerguelen apprit également qu'un navire s'était présenté peu de temps auparavant en route pour la France, avec à son bord Desroches quittant le gouvernorat de l'île de France et Rosily !

A une semaine d'intervalle, deux expéditions étaient rentrées à Port-Louis, dans un état lamentable. Le *Mascarin* et le *Marquis de Castries*, avaient perdu leur chef Marion-Dufresne, tombé sous les coups des indigènes de Nouvelle-Zélande. Ils ne pouvaient se glorifier que de la découverte de l'archipel des Crozet, inhabitable et dépourvu de toutes ressources. Les navires n'avaient engagé aucun commerce et revenaient couverts de dettes.

Le *Gros Ventre* avait également reparu. Après avoir attendu Kerguelen aux endroits convenus, ils avaient poursuivi comme prévu vers l'Australie. Ils y étaient parvenus après vingt jours de traversée, au moment même où *La Fortune* rentrait triomphalement à l'île de France. L'espoir de Saint-Allouarn de refaire la santé de ses marins scorbutiques avait été lourdement déçu. Un débarquement délicat ne leur avait révélé qu'un paysage de dunes et de terres brûlées de soleil, sans possibilité de chasser. Deux mois durant, ils avaient longé la côte ouest de l'Australie en tentant de la cartographier. Pourris de fièvres et de scorbut, ils avaient ensuite poursuivi sur Timor et Batavia et, toujours sans nouvelles de *La Fortune*, avaient mis le cap sur Port-Louis. Saint-Allouarn était mort peu après son arrivée, faisant, dans une lettre testamentaire, l'éloge de Kerguelen.

Tout ceci avait mis dans les pires dispositions Ternay, le nouvel administrateur de l'île de France, qui pestait déjà contre l'inutilité de ce genre de voyages.

L'escale du Cap fut pour Kerguelen aussi exécrable que le voyage, mis à part la vente lucrative d'une partie des effets personnels qu'il avait amenés et le rachat d'autres articles à bon prix. Du Cheyron qui avait fini par se faire repousser par les dames s'était mis à les insulter ouvertement. Les escarmouches continuèrent de plus belle à propos de tout et de rien, de l'heure de rentrée des chaloupes, d'un accostage qui avait gâté les robes des dames du Fayet, ou de caisses d'oignons que du Cheyron voulait embarquer. Privé momentanément du rythme et des incertitudes de la mer, chacun se laissait aller. On se croisait dans les coursives avec des regards entendus, on murmurait derrière les tentures des chambres. Kerguelen, pour avoir la paix, avait loué pour la durée de l'escale une maison qu'il partageait avec les trois femmes. Cette entorse supplémentaire aux ordonnances royales, interdisant aux commandants de coucher à terre, fit encore monter la pression.

A deux jours de l'appareillage, Karuel, le garde-marine, vint tout essoufflé chercher Kerguelen.

— Monsieur, vite, un homme est tombé de la misaine, le voilà tout éclaté sur le pont. Oh, monsieur, c'est le fils Bienboire !

Quand il arriva à bord, il y avait bien longtemps que l'enfant était mort. Roussel, le maître voilier, avait déjà eu le temps de le coudre dans une vieille voile, pour soustraire le corps déchiqueté à la vue de son père. En travaillant à plus de soixante pieds de haut à refaire une liure, il avait glissé d'un espar. Laporte n'avait même pas eu à intervenir. On l'avait porté sur le gaillard d'avant et tous les hommes s'étaient assemblés, immobiles, bonnet bas, sur le pont de batterie. Ils aimaient leur maître d'équipage qui était rarement injuste. Le père, à genoux devant la dépouille, tête baissée, semblait statufié. Seul, le très léger tremblement de sa vareuse brune trahissait les pleurs.

Alors qu'il fendait la foule, Kerguelen distingua un murmure plusieurs fois repris :

— Maudit, maudit qu'il est ce voyage !

Chapitre 9

Kerguelen vérifia rapidement l'addition et se rejeta dans le fauteuil avec un soupir de contentement : 800 % sur le blanc de céruse acheté au Cap, plus la vente des soixante barils de goudrons et de brais, les fers et toiles qu'il avait acquis en commun avec Pagès et revendus pour 50 000 livres à un sieur Delaunay, plus la pacotille achetée en Afrique du Sud dont de beaux bracelets d'argent, la somme finale était rondelette. Il n'aurait pas tout perdu dans ce voyage. Il laissa son regard errer par la porte-fenêtre ouverte. On était au milieu de la petite saison des pluies et le ciel d'alizé était chargé de grains joufflus qui allaient éclater, plus haut, sur le plateau. Grâce à cela, la température était agréable et un air frais circulait dans le bureau, qui sentait l'orange et l'eucalyptus. Dans l'ombre du gros banian, des serins et des cardinaux allumaient des éclairs de couleur entre les racines aériennes qui tombaient comme une chevelure. Au-delà, la pelouse se perdait au milieu des palmiers et des lataniers qui cachaient la ville. Il aimait se réfugier dans cette maison à mi-pente de la montagne du Pouce. L'entretien méticuleux du jardin en faisait une oasis de verdure dans ce vallon desséché. De la véranda supérieure, il surveillait la rade de Port-Louis, ses deux navires à l'ancre et les allées et venues des chaloupes et des canots.

Après deux mois de repos, la fin de l'escale arrivait et Kerguelen était impatient de reprendre la mer. L'envie d'en découdre dans les quarantièmes lui était revenue. Dans la lumière éblouissante des tropiques qui faisait scintiller des eaux émeraude, les périls et les tempêtes devenaient des épouvantails peu convaincants. Il avait déjà affronté tant et tant de revers et il était toujours là, malgré ses ennemis et leur cabale, malgré la mutinerie larvée de l'état-major, la maladie des hommes et même la mauvaise humeur des nouveaux maîtres de l'île de France. On allait repartir et la proximité du danger allait enfin lui donner l'ascendant qu'il devait naturellement avoir sur les blancs-becs du bord.

Le parquet craqua doucement au-dessus de sa tête. Louison allait et venait de la véranda à la chambre. Il lui avait interdit de quitter la maison. Mieux valait qu'elle se fasse oublier et puis, il la trouvait trop coquette. Depuis qu'ils étaient arrivés, il lui semblait qu'elle se laissait aller à la galanterie avec les visiteurs de passage, comme elle s'était facilement laissé entreprendre par du Cheyron en mer.

Il était de plus en plus impatient avec elle, la rabrouait violemment pour un rien. Elle se taisait toujours. Inconsciemment, il lui reprochait de ne pas jouer le rôle de talisman qu'il lui avait imparti. Bien qu'il eût toujours pour elle une attirance certaine, il n'était plus loin de penser qu'elle n'était qu'un problème supplémentaire.

Entendant un pas sur le gravier, il se redressa sur son siège et boutonna le haut de sa veste. Bienboire apparut dans l'encadrement de la porte-fenêtre et ôta son tricorne. Sa grosse figure était rouge. La sueur lui collait les cheveux et formait de grandes plaques sombres sur son gilet de toile rayé, barré de la chaîne d'argent du sifflet.

— Entre, Bienboire ! La montée t'a donné soif ?

Il se retourna vers la porte qui donnait sur l'office en criant :

— Joseph ! Deux verres et un pichet de médoc ! Assieds-toi, Bienboire, nous en avons pour un moment.

Quand l'esclave noir déposa avec gaucherie le plateau, les deux hommes se faisaient face de part et d'autre de la lourde table en bois sombre.

— Serons-nous prêts, disons, dans quatre à cinq jours ?

— Ma foi, monsieur, je l'espère, mais j'ai fait le compte, nous avons encore trente-quatre matelots à l'infirmerie qui ne se relèveront sans doute pas. Je manque cruellement de bras pour regréer le *Roland.* Du *Duc de Choiseul,* nous avons récupéré l'artimon, la grande vergue et les deux mâts de hune et de perroquet, mais le travail a été considérable. Il a fallu entièrement les reprendre. Ils sont restés en plein soleil depuis qu'ils ont été sauvés du naufrage de ce bateau et ils sont tous fendus.

— Allez, Bienboire, nous ne pouvons pas traîner plus ici, la saison avance et il nous faut arriver en décembre aux Mers Australes !

— Je sais, monsieur, je sais ! Je ne peux pas demander plus à l'équipage, même si la fièvre les a quittés, ils restent faibles, malhabiles. J'en ai parlé à Monsieur Laporte qui ne peut que distribuer de la thériaque et du sirop de Kina. Nous avons mis le maximum d'hommes au travail, les convalescents font le service des chaloupes, mais il nous faudrait encore prêter des bras au chevalier Ferron pour apprêter *La Dauphine* qui nous est arrivée bien tard de l'île Bourbon.

Depuis la mort de son fils, Bienboire avait perdu l'entrain qu'on lui avait toujours connu. Ses yeux ne souriaient plus et les plis de sa bouche tombaient vers le bas. Il travaillait comme un automate, et la passion quasi charnelle qui l'unissait à ses hommes et à ses bateaux semblait l'avoir quitté pour laisser place à un fatalisme un peu geignard. Kerguelen se taisait la tête penchée, avec toujours cet air étrange, que lui donnait son nez de travers, qu'il n'écoutait pas son interlocuteur. Pourtant c'était faux. Bienboire était l'un des derniers, avec Ligniville, en qui il avait entièrement confiance.

Charnières, son second, avait été maladif pendant tout le voyage et devait débarquer ainsi que l'enseigne du Couedic qui prétextait une hernie pour échapper à cette aventure si mal débutée. Pagès était neutre, il faisait son métier, sans plus, en attendant la rencontre avec les sauvages. Le maître d'équipage débita la litanie des souffrances de ces hommes épuisés et mal nourris qui, au lieu de se voir secourus à l'île de France, n'avaient trouvé que mesquineries et contrariétés.

Le *Roland*, à peine reparti du Cap, avait essuyé une brève mais très violente tempête, de celles que réserve cette pointe de l'Afrique, dont les courants aériens contrastés alimentent de petites dépressions rageuses. Pris dans un grain brutal, le navire surtoilé s'était couché deux fois. Les événement n'avaient pas duré plus de trois minutes, mais avaient suffi à faire un carnage d'hommes blessés au milieu d'espars éclatés dont les esquilles volaient dans les chairs. Le bateau s'était péniblement redressé comme un spectre, ses voiles dépenaillées claquant sur les restes du gréement. En une poignée de secondes, ils avaient perdu la misaine, le foc, tous les huniers et l'artimon. Plus grave, le mât d'artimon, sa vergue et les deux mâts de hune étaient en morceaux. Cahin-caha, ils étaient quand même arrivés à l'île de France. Le gouverneur Ternay s'était presque ouvertement réjoui de leur mésaventure qui confortait son idée que ces expéditions n'était bonnes qu'à assécher les finances royales. Par ailleurs, il avait attendu impatiemment la farine que Kerguelen avait refusé d'embarquer à Brest. La Gâtinerie, qui avait pris pension chez son oncle, mettait de l'huile sur le feu en disant pis que pendre du commandant du *Roland*. L'ambiance avait donc été immédiatement orageuse entre les autorités de Port-Louis et les deux navires en escale. Chaque clou, chaque planche, chaque morceau de pain pour l'expédition avait fait l'objet de marchandages et de chicanes. Un véritable affrontement avait eu lieu à propos du troisième bateau promis par le roi. Ternay avait proposé une vieille baille. Kerguelen avait tempêté, et on avait finalement transigé sur *La Dauphine*, une petite flûte qui venait d'être lancée à l'île Bourbon et nécessitait encore de nombreux préparatifs.

Kerguelen savait tout cela et, en écoutant les doléances de Bienboire, se disait que le plus sage aurait été de différer ou de renoncer à un voyage si mal en point. Mais il ne pouvait en être question. Il lui fallait en découdre, une fois pour toutes. C'était comme un rendez-vous trop longtemps attendu. Il avait parfois, au début, eu la tentation de biaiser, de repousser l'épreuve, mais l'angoisse n'avait fait que monter et il savait maintenant que seule l'action le libérerait, lui permettrait de prouver qu'il était de la race de ceux qui fondent les mondes. Il n'avait pas travaillé aussi dur à Paris, n'avait pas enduré toutes ces contrariétés depuis le départ, pour renoncer maintenant. Et puis, s'il se dérobait, ses ennemis se déchaîneraient, la cabale renaîtrait et l'affaire Louison éclaterait au grand jour. Il n'avait pas le choix, il fallait tenir, aller jusqu'au bout. Seule la victoire le protégerait.

Il y avait longtemps qu'il n'avait pas ressenti cette impression de fuite en avant. Encore et toujours le fameux cauchemar où il tournait en rond à Trémarec lui revenait en mémoire. Il se demanda si, de toute façon, il avait eu le choix à un moment quelconque de cette aventure, depuis le jour lointain où il s'était laissé prendre par l'enthousiasme de Mannevillette. Depuis qu'il avait saisi sa plume pour écrire au ministre, proposé, cherché des appuis, promis, garanti, assuré. Il avait su se montrer persuasif, lyrique avec les puissants, pragmatique avec les gestionnaires, enjôleur et même servile. Il avait donné corps à ce formidable rêve qui courait dans les antichambres et les cabinets de travail depuis des années. Il avait plaidé avec force qu'il était le mieux placé, le plus compétent, pour ramener à la Couronne ce cinquième continent et ses richesses. On lui avait fait confiance, on lui avait donné des hommes, des navires, de l'argent, au sortir d'une guerre où tout manquait. Il se sentait élevé sur une espèce de colonne qu'il avait lui-même érigée, d'où chacun pouvait l'observer. Si elle s'écroulait, il ne se remettrait pas de la chute. Il mesura le poids de l'espoir de tous ces gens, qu'il sentait si fort tout autour de lui, ce désir qu'il avait lui-même patiemment suscité et alimenté pour servir sa gloire, ce désir qu'il lui fallait maintenant incarner. Il ne pouvait décevoir ceux qu'il avait entraîné à rêver avec lui et dont il avait balayé les objections d'un revers de main. Il leur avait promis le monde, il n'avait d'autre choix que de le leur apporter.

Il prit conscience que Bienboire avait cessé de parler depuis un moment et le regardait d'un air las. Aucun des deux n'avait touché au verre de vin qui tiédissait devant lui. Kerguelen se força à sourire :

— Bon, je verrai Ternay, je lui demanderai des hommes supplémentaires, je tâcherai d'en avoir une trentaine, je me fâcherai s'il le faut. Va, Bienboire, fais au mieux. Quoi qu'il arrive nous partirons avant le 25.

Il aurait eu envie de prolonger la discussion, de rassurer le vieux marin, presque de le prendre dans ses bras. C'était son plus vieux compagnon, ensemble, ils avaient parcouru l'équivalent de plusieurs tours de la Terre. Il se sentait ému de voir que Bienboire, depuis le drame, avait perdu cette sorte de patine mentale de grogne et d'habitude, cette carapace imperméable aux émotions qui lui avaient permis, durant toutes ces années, de maîtriser ces centaines d'hommes entassés sur quelques pieds carrés de plancher. Il voyait devant lui un homme fragile, défait, qui ne tarderait pas à finir dans une retraite misérable. Longtemps, Kerguelen l'avait considéré comme un simple instrument de sa volonté, une courroie de transmission. Lors du précédent voyage aux Terres Australes, il avait, pour la première fois, ressenti que l'attachement du maître d'équipage allait au-delà du service. Celui-ci l'avait totalement approuvé, y compris dans sa retraite précipitée, avec une fidélité de chien et une admiration sans ambiguïté comparable à celle de Louison. Conscient de la différence de grade, il se contenta de sourire avec le plus de chaleur possible dans le regard.

Bienboire n'avait même pas noté l'attention de son commandant et s'était levé, mais, au lieu de prendre congé, il restait devant la table, en triturant son tricorne.

— Il y a une dernière chose, monsieur, si je peux me permettre... – Il fronçait les sourcils pour chercher ses mots. – Voilà, c'est à cause de la demoiselle, les hommes en parlent... Enfin, vous savez bien... Ils disent qu'elle porte malheur, et que tout les ennuis qu'on a eus...

Kerguelen avait pris sa décision depuis longtemps.

— Mademoiselle Seguin reste à l'île de France, vous pouvez le faire savoir.

Il n'en avait pas encore parlé à Louison et n'imagina pas un seul instant qu'il s'agissait d'une trahison.

La veille du départ était le 18 octobre. Kerguelen, dans sa cabine, mettait la dernière main à une lettre pour de Croÿ. Sa plume crissait avec hésitation sur le papier. Il choisissait ses mots avec soin pour rester sur une note positive, sans masquer complètement les difficultés. Il l'assura de leur enthousiasme, en se demandant comment le duc avait accueilli la description des îles et de la mer du Sud qu'avait dû lui faire Rosily à son retour. Il pensait bien que cela avait créé de l'inquiétude, mais ne devinait pas que c'était au point qu'un courrier était en route pour l'île de France, lui enjoignant d'annuler le voyage aux Terres Australes, pour se concentrer sur le tour du monde et l'antiméridien.

Lair frappa, porteur d'un message : le gouverneur souhaitait le voir de toute urgence. Kerguelen jura et prit le temps de finir sa lettre, pendant que l'on poudrait sa perruque et qu'on apprêtait son grand uniforme.

Un an et demi avait passé depuis qu'il avait été triomphalement attendu par Desroches sur le perron de la vaste maison du gouvernorat. Cette fois-ci, il dut faire antichambre près d'une heure, ce qui ressemblait fort à une vexation. Le chevalier de Ternay avait lui aussi revêtu son uniforme de capitaine de vaisseau et, à voir les deux hommes face à face dans leurs habits rouges rebrodés d'or, on aurait dit deux coqs de combat, parés pour une joute.

Kerguelen attaqua d'entrée, pour marquer l'aigreur de son attente :

— Monsieur, vous m'avez fait demander. Vous n'ignorez pas que je pars demain et que l'ouvrage ne manque pas à bord.

Ternay était de forte stature. A cinquante ans passés, son lourd visage était ridé des soucis d'une longue carrière de combats à la mer. Il avait espéré un peu de répit dans ce paradis tropical. Son irritation avait crû avec sa déconvenue, en découvrant l'incurie et la gabegie que ses prédécesseurs étaient loin d'avoir jugulées. Ses tentatives pour ramener l'ordre et la loi en appliquant les méthodes autoritaires qui lui avaient si bien réussi dans la Marine lui avaient aliéné les colons dilettantes et frivoles. Lui qui détestait savants et aventuriers en voulait particulièrement à Kerguelen, un homme du Corps, de se prêter à ce qu'il considérait comme un coûteux enfantillage. En se redressant de toute sa haute taille, il dominait légèrement son interlocuteur.

— Partez quand vous voudrez, monsieur, que m'importe, à vrai dire je ne vous retiens pas, si ce n'est que j'exige que vos comptes soient apurés, avant votre départ.

Kerguelen serra les poings :

— Quoi, quels comptes ? Voulez-vous parler des cinq bœufs que votre intendant m'a octroyés ? Ils étaient pourris, si gonflés qu'ils auraient éclaté si on les avait touchés. Il est hors de question que je les paye. Est-ce ainsi que vous nourrissez les marins du roi, déjà affaiblis par la maladie ? Sachez que le ministre aura connaissance de la façon dont sont suivis ses ordres, comment vous et Monsieur Maillard avez surfacturé les malheureux effets que nous avons dû vous arracher pour remplir notre mission.

Un petit sourire était apparu sur la figure du gouverneur :

— Faites votre rapport, monsieur, et je ferai le mien ! Le ministre saura aussi mon point de vue sur la façon dont sont respectées les ordonnances de la Marine. Je ne parle pas des bœufs, encore que je vous trouve bien difficile. Vous êtes dans une île qui a subi trois cyclones successifs, la faim menace toujours, et ce ne sont pas les secours que vous n'avez pas voulu nous amener qui m'inciteraient à vous privilégier. Non, je parle d'une personne que vous laissez derrière vous à la charge de la colonie. C'est inadmissible !

Kerguelen frémit et rompit le combat en détournant les yeux vers la fenêtre. Ternay poussa son avantage. Son sourire se fit plus mauvais, à la limite de la grimace :

— Cette jeune personne est venue ce matin même se jeter à mes genoux, pour me supplier d'intervenir ! Je me suis renseigné, vous l'avez amenée frauduleusement. J'ai interrogé Forestier votre écrivain, elle ne figurait même pas sur la liste d'équipage !

Elle avait osé ! Elle était venue voir son pire ennemi ! Bien sûr, il avait été dur avec elle. Ils avaient eu une scène, le soir même de la venue de Bienboire, quand il lui avait fait part de sa décision. Pour la première fois, Louison s'était rebellée, avait crié. Il avait fini par la gifler pour la faire taire. Et cette petite peste se vengeait en le dénonçant. Il tenta de se défendre :

— Mais elle est pourvue de tout, je lui laisse la disposition de la maison que je lui ai louée.

— Et qu'arrivera-t-il si vous ne revenez pas ? Devrons-nous la renvoyer en France aux frais du roi, à qui, je crois, elle a déjà coûté bien cher !

Kerguelen était maintenant sur la défensive.

— Pas un sol, elle était à ma table pendant le voyage !

Ternay avait affirmé son ascendant en prenant son interlocuteur en faute, son sourire disparut.

— Ecoutez-moi, monsieur de Kerguelen ! Toute la colonie ne discourt que de la vie scandaleuse que vous menez avec cette personne. Je ne veux plus en entendre parler. Soit vous la renvoyez en France à vos frais, soit vous l'emmenez ! Allez, maintenant, puisque vous avez à faire !

Le chevalier aurait pu lui donner une gifle que Kerguelen ne serait pas devenu aussi rouge. La colère l'étouffait, il la percevait comme un flux brûlant se propageant dans ses veines, pour lui incendier le corps. Il se maîtrisa d'extrême justesse, salua d'un léger hochement de tête et sortit. Il s'était heureusement rendu compte que s'il tentait de continuer à se justifier, son exaspération l'aurait irrémédiablement emporté vers l'irréparable.

Dehors, la touffeur de l'air le suffoqua. L'alizé qui balayait le plateau au-dessus n'arrivait pas à s'insinuer dans le cirque encaissé de Port-Louis. La circulation rafraîchissante ne se rétablissait qu'en rade. Il renvoya sa voiture car malgré la chaleur, il lui fallait marcher pour se calmer et réfléchir. En ce milieu d'après-midi, la petite ville finissait de somnoler, volets tirés. Peu de gens virent passer ce capitaine en grand uniforme, le visage baigné de sueur, qui marchait d'un pas rageur. S'il regagnait le quai par la seule grande et belle avenue de la ville, partant du gouvernorat, la distance était courte. Aussi Kerguelen résolut-il de tourner à gauche vers les jardins de la Compagnie. Ces anciens potagers avaient été transformés par Poivre en jardin public. Ils offraient l'ombre d'un gros baobab et de nombreux manguiers et banians. A cette heure, seuls quelques esclaves somnolaient sous les arbres, il ralentit le pas. Dans la sérénité du lieu, son esprit s'apaisait peu à peu. Il voyait clairement qu'il lui faudrait emmener Louison, malgré la promesse faite à Bienboire. Si elle restait derrière lui, Ternay déclencherait le scandale. Il comprit que ce dernier voulait tout simplement se laver les mains de cette affaire et surtout ne pas paraître complice. Il entrevit aussi la détresse de la jeune fille. Pour qu'elle en vienne à cette extrémité, il fallait qu'elle fût bien désespérée. L'argument de Ternay, concernant sa disparition possible, le frappa. Il n'avait jamais songé à ce qu'elle pourrait devenir, sans ressources ni famille, si loin de son pays : se placer comme gouvernante chez quelque planteur qui ne tarderait pas à abuser d'elle, se jeter dans la galanterie rémunérée ? Contrairement à ce qu'il pensait en sortant de l'entrevue, il ne se sentait pas de colère contre elle. La pitié l'emportait. Qui sait si, finalement, elle ne tiendrait pas son rôle de porte-bonheur, au moins de réconfort, quand il faudrait affronter les sombres mâchoires des quarantièmes. Sur les plus de quatre cents hommes entassés sur le navire, bien peu lui pardonneraient le moindre faux pas. Fallait-il se priver d'un atout dans cette bataille qui serait, avant tout, celle de sa volonté et de son esprit ?

Il serpentait de plus en plus lentement entre les arbres et les statues du parc, comme s'il était, peu à peu, saisi par la langueur inhérente au climat tropical. Il écrirait au gouverneur une lettre d'au revoir la plus polie possible pour ne pas le fâcher plus. Il donnerait ce soir un bon dîner où il essaierait de faire régner un nouvel esprit parmi ses officiers, et ils partiraient, dans une concorde et un élan retrouvés, vers leur but glorieux.

Il s'assit sur l'un des bancs de pierre, un merle vint tourner autour de ses bottes. Il repensa à la phrase de l'évangile « voyez, les oiseaux du ciel qui ne sèment ni ne moissonnent, mais notre Père qui est dans les cieux prend soin d'eux ». Il se sentait fatigué de lutter, il aurait voulu s'abandonner, comme les oiseaux du ciel, mais qui prendrait soin de lui ? En tout cas il était décidé à plus de tolérance envers lui-même comme face aux autres. Ce voyage, il se le jura, serait sa dernière aventure, ensuite il gérerait honorablement sa carrière entre la cour et Trémarec, ponctuée de quelques embarquements de routine. Le manoir breton, sa tourelle et les hortensias d'un bleu intense surgirent dans sa mémoire, comme une source fraîche.

Une carriole passa au bout du jardin, au pas lent des bœufs. Un Noir se réveilla en rotant, le sortant de ce rêve éveillé. Il était las mais, une fois de plus, par les ressources de son esprit, il avait reconstitué un réel acceptable, échafaudé un avenir positif. Il allait y puiser des forces nouvelles. Le soir même, Louise et sa malle accostaient à la coupée. L'un des gardes de faction cracha sur son passage.

Le *Roland*, *L'Oiseau* et *La Dauphine* partirent le lendemain 19 octobre, dans l'indifférence méprisante des autorités. Un à un les navires furent déhalés par leurs chaloupes, jusqu'à passer entre l'îlot La Bourdonnais et la batterie de Fort-Blanc, pour trouver l'alizé au large. Toute la matinée, la rade retentit des cris codifiés, lancés au porte-voix :

— Range à hisser les huniers et les perroquets ! Hisse ! Brasse bâbord devant, brasse tribord derrière !

On entendait le chant des hommes qui viraient au cabestan. Quand ce fut le tour du *Roland* une oreille avertie aurait reconnu un certain manque d'entrain, comme une hésitation entre l'ordre et le grincement des poulies. L'équipage encore affaibli courbait la tête à la manœuvre et en particulier les trente hommes supplémentaires, mendiés à Ternay, qui avaient été tirés de prison où ils croupissaient pour bagarre ou pour vol. La plupart n'étaient que soldats et découvraient leur nouveau métier de matelot.

En fin de journée, la petite escadre dépassa la péninsule du Morne et plongea sud-ouest, vers l'île Bourbon. Ligniville y dénicha 400 poules, 50 cabris et quelques bœufs. Ce serait la seule viande fraîche que se partageraient les trois navires et Kerguelen fit échanger la chaloupe, qui aurait dû servir aux colons, contre huit balles de café, notoirement antiscorbutique. Du Cheyron en profita pour suggérer que l'on avait manifestement décidé de désobéir au roi en délaissant ouvertement l'établissement des colons et se fit remettre en place par Kerguelen. Ce fut le seul esclandre de ce début de campagne. Ils étaient à nouveau tous embarqués ensemble et le souvenir de l'odieuse ambiance passée leur donnait envie de faire, sinon des efforts, au moins de respecter un certain statu quo. Simultanément, chacun pensait qu'il valait mieux conserver son énergie pour cette navigation qui pourrait se révéler périlleuse. Aucun des officiers n'était aigri au point d'oublier que les conflits personnels pouvaient mettre en péril leur propre sécurité. Il ne manquait pas de mauvais exemples dans la Marine, qui leur revenaient en mémoire. L'approche de dangers inconnus les rendait d'autant plus pragmatiques qu'avec deux officiers en moins, Charnières et du Couedic, le travail ne manquait pas.

Les savants, quant à eux, étaient euphoriques, tout à l'excitation d'arriver enfin sur le théâtre de leur mission, ce qu'ils attendaient depuis plus de six mois. Enfin, ils allaient compter pour quelque chose ! Leurs exigences seraient au centre des préoccupations. Avec un peu de chance, ils allaient ramener des résultats qui les rendraient incontournables dans leurs domaines respectifs.

Pendant près de trois semaines, la navigation fut donc presque agréable. La température était encore douce et les vents, qui se maintenaient au secteur est, permettaient de descendre vers le sud. Chacun rêvait que la paisible routine se prolongeât le plus longtemps possible. Chaque matin, la rassurante boule rouge apparaissait à l'horizon, s'élevait en jaunissant et réchauffait les corps, les hommes fatigués allaient à l'ouvrage à petits pas et les maîtres se montraient tolérants pour ceux qui restaient appuyés trop longtemps sur les raclettes et les fauberts. Il y avait peu de travail à la manœuvre, juste saluer un grain de temps à autre, quand ils se formaient dans l'après-midi ou en fin de nuit. Le dîner servi au coucher du soleil rassemblait autour des plats des hommes silencieux et, par-dessus les chuchotis de l'eau contre la coque et le craquement d'agrès, on n'entendait que le claquement des cuillères en bois dans les gamelles. Les bagarres dans l'entrepont étaient rares.

Kerguelen n'avait pas besoin des rapports de Bienboire ou de Laporte pour percevoir la lassitude de l'équipage. De la balustrade du gaillard d'arrière, il jugeait de la vitalité du flux de sarraus rayés, de mouchoirs de tête et de pantalons indigo, dont le mouvement lui paraissait aujourd'hui languide comme celui d'une marée arrivant à l'étale.

Le chirurgien l'avait mis en garde, cette apathie sentait le scorbut. Les hommes étaient mal remis de la fièvre mystérieuse qui avait peu ou prou atteint tout le monde. Il ne voyait pas encore de symptômes patents mais il sentait le mal rôder, embusqué dans le ventre du navire, taraudant les hommes la nuit, dans l'abandon de leur sommeil. Il avait l'impression que, chaque matin, les visages étaient plus brouillés, plus terreux, comme épuisés de ce combat nocturne. Il avait obtenu d'ouvrir, déjà, une des balles de café, mais les marins rechignaient à cette potion qui signalait leur faiblesse.

A la moindre occasion, dès que le vent atteignait le bon frais, ou la nuit quand la houle était grosse, Kerguelen faisait mettre en panne pour éviter les fastidieuses manœuvres, prétextant que *La Dauphine*, plus lente, ne pouvait pas suivre. Il n'avait jamais pensé à ses hommes avec une particulière empathie. Chacun était là pour servir, à sa place et selon son rang. Mais comme un bon artisan prend soin de ses outils, il ne négligeait pas de tenir compte du physique et du moral de son équipage. L'idée de tolérance et l'espoir d'une navigation enfin apaisée qui lui étaient venus dans le parc de Port-Louis le portaient à profiter de ces jours paisibles, à les faire durer avec l'illusion que maladies et mauvaises humeurs allaient se trouver peu à peu chassées.

Il régnait donc, du château arrière à l'entrepont, une sorte de retenue des esprits et des corps, un sentiment d'indolence, que quelques vieux gabiers critiquaient en crachant. Quand le dimanche après la messe, on faisait jouer les musiciens qui avaient été emmenés en remplacement d'inutiles aides-canonniers et que les trois cents lourdauds valsaient sans grâce, quelques râleurs restaient près des chaloupes à jouer aux dés en maugréant :

— Qu'ils dansent ! Y vont pas gambiller longtemps ! La polka du diable, c'est pour bientôt !

Cette fois-ci, Kerguelen ne s'était pas donné la peine d'annoncer aux hommes où ils allaient, mais le bruit en avait couru. Les anciens de *La Fortune* s'amusaient à effrayer ceux qui avaient embarqué à l'île de France.

Un matin, il fut alerté jusque dans sa chambre par des rires puissants. En débouchant dans la timonerie, il aperçut Ligniville qui pleurait de rire en se tapant sur la cuisse, en compagnie de quelques pilotins. De grosses larmes lui sillonnaient le visage et sa manche vide s'envolait par secousses. Kerguelen s'avança jusqu'au banc de quart pour apercevoir la scène à l'origine du comportement si inhabituel de l'austère lieutenant. Sur le pont, plus personne ne travaillait. Les hommes, adossés au bordage, commentaient à grand renfort d'obscénités une extraordinaire équipée. Pagès était à cheval sur un bœuf. La largeur du dos de l'animal l'obligeait à écarter les jambes et faisait apparaître ses pieds et ses tibias comme de ridicules appendices. Il avait bricolé un mors qui gênait la bête et la faisait baver. Une mousse verdâtre s'accumulait et coulait de ses babines sur le pont. Le bœuf paniqué s'était réfugié dans une encoignure du chantier des chaloupes d'où il refusait de bouger. Finalement la bête avait chié de peur, portant l'hilarité à son comble. Kerguelen tenta de conserver son sérieux.

— Voyons, monsieur Pagès, que faites-vous en cet équipage ?

L'interpellé, la perruque de travers, fit pivoter sa maigre silhouette de Don Quichotte vers son commandant et répondit calmement :

— J'ai pensé, monsieur, qu'en prévision de notre débarquement aux Terres Australes, et en l'absence de chevaux, il serait bon de dresser quelques quadrupèdes pour nous aider.

Kerguelen ne retint plus son sourire. Même s'il n'aimait pas que ses officiers se rendent ridicules, il sentait qu'il y avait dans cette hilarité générale comme une catharsis. Pendant quelques minutes, on oubliait les peurs et les souffrances, la destination incertaine et la maladie qui rôdait. Tout l'équipage se réconciliait, vibrait à l'unisson, emporté par une pulsion positive. Ce moment heureux pouvait souder les hommes, être le signe d'un nouveau départ, une forme d'explosion salutaire qui balayerait le passé.

A partir du 17 novembre, la flottille entra dans les quarantièmes. Rapidement le vent tourna, alternant entre le nord-ouest et le sud-ouest. Les sifflements du gréement réapparurent et il fallut distribuer les pantalons de laine et les patelots. Enfin, on arrivait au rendez-vous.

Kerguelen se fit un plaisir d'exposer aux jeunes savants les conclusions météorologiques auxquelles il était arrivé lors du précédent voyage. On resterait jusqu'en France Australe dans ce flux d'ouest, qui semblait tourner sans relâche autour de la terre. Bizarrement, ici, la tempête commençait du nord-ouest, pluie et vent s'amplifiaient rapidement et, après une brève accalmie, la saute au sud-ouest déchaînait des grains d'air glacial provenant directement du pôle. Les deux houles, l'ancienne et la nouvelle, se conjuguaient dans des vagues chaotiques et dangereuses, qui s'élevaient jusqu'à 20 ou 30 pieds, balayaient le pont et déséquilibraient l'homme de barre. Les périodes de mauvais temps se succédaient si rapidement que la mer ne retrouvait jamais sa tranquillité.

Le froid refit son apparition et avec lui l'humidité qui exsudait de plus belle de chaque planche. Même dans les cabines des officiers, tout ce qui restait enfermé dans un placard, vêtements, livres, se couvrait de moisissure. Les domestiques eurent l'ordre de sortir les tenues la veille et de les repasser pour éviter cette désagréable impression d'entrer, au saut du lit, dans des habits déjà froids et gluants. Pour se consoler, on fit bonne chère dans la Grande Chambre. Les soupers traînaient en longueur, on redemandait du vin de Beaune, des confitures, et les parties de piquet se prolongeaient, à nouveau, au-delà de l'heure d'extinction des feux. Personne n'avait envie de quitter la relative chaleur de la pièce pour retrouver son réduit et ses draps humides. Là, pelotonnés, les savants découvraient l'inquiétude de l'assaut continuel du vent et des vagues. C'était très différent des coups de chien qu'ils avaient pu vivre dans l'Atlantique où, passé quelques heures d'émotion, on sentait peu à peu la mer s'apaiser jusqu'à pouvoir se rendormir. Maintenant, les éléments semblaient s'acharner. Les craquements, les chocs de vagues s'écrasant contre la muraille ne cessaient plus. Bien des hommes dormaient mal, immobiles, impuissants et ballottés dans le noir.

L'accident, dans la nuit du 18, fit resurgir les sombres prémonitions. Dans un grain, il fallut carguer rapidement les huniers. Léonard, un bon gabier pourtant, qui travaillait à l'extrémité de la vergue, peut-être déséquilibré par le violent roulis ou les doigts trop gourds, tomba à la mer. Dans le vacarme de la toile qui claquait, on n'entendit même pas son hurlement. Pagès, qui était de quart, ne jugea pas utile de faire mettre en panne, quand on lui cria la nouvelle.

— Pas la peine ! Il fait plus noir que dans un four ! Nous ne le retrouverons jamais ! Tâchons déjà de nous sortir de là. L'eau est si froide que le pauvre garçon ne souffrira pas longtemps. Que Dieu l'accueille !

Le lendemain, Kerguelen fit dire devant tous une courte prière par le père Mahéo. Léonard était le premier à payer et chacun s'interrogeait pour savoir qui serait le prochain sujet des prières.

Le dimanche, l'ouest-sud-ouest amena de la neige et de la grêle. Des cumulo-nimbus traînaient jusqu'à la surface des eaux, d'un gris sombre parfois intérieurement éclairé des couleurs de l'arc-en-ciel diffractées par la glace. Entre les nuages, des trouées d'un bleu intense éclaboussaient tout à coup les navires de lumière. Ils couraient, tous les trois au plus près, au bas ris, tanguant lourdement dans les lames qui explosaient jusqu'au-dessus du beaupré. Les oiseaux étaient revenus par centaines. Alcyons, goélettes, plongeons et satanites dansaient dans les vagues avec insouciance, tantôt tombant comme des pierres sur quelque invisible proie, tantôt se laissant bercer, immobiles dans le vent, comme si ce souffle glacé était un coussin moelleux. Par moments, la mer et les nuages paraissaient animés de vie et les oiseaux mués en statues, comme si chacun jouait à prendre la place de l'autre. Le paysage respirait la sauvagerie, mais aussi une forme d'harmonie et de douceur, une connivence entre les éléments et les êtres vivants, dans laquelle les hommes peinaient à trouver leur place.

— Beau spectacle, monsieur, l'Iroise en hiver n'en offre pas de si grandiose !

Ligniville avait rejoint Kerguelen sur la galerie arrière, où il aimait toujours se poster, malgré le froid. Le Lorrain était bien le seul du bord qui semblait apprécier les nouvelles conditions de navigation. Il venait de descendre de quart et on voyait, à son visage rougeâtre, qu'il l'avait passé en plein vent. Il avait troqué l'uniforme contre une lourde vareuse et la perruque humide lui pendouillait autour de la figure.

Ils rentrèrent au moment même où les autres officiers arrivaient. Une lumière grisâtre pénétrait dans la Chambre du Conseil, qui ternissait les boiseries et les gravures. La table et les fauteuils avaient été fixés au sol pour éviter leurs glissements dans le gros temps. Ils restèrent donc debout autour de la petite table de travail sur laquelle Kerguelen avait déployé la carte levée par Jassaud lors du précédent voyage.

— Messieurs, nous voilà à pied d'œuvre depuis quelques jours comme vous avez pu le constater. Croyez-moi, le mauvais temps ne nous laissera pas de répit. Je souhaitais donc vous réunir pour éclaircir les consignes. Mais auparavant vous devez tous être informés précisément de notre situation.

Pagès, du Cheyron, Ligniville, mais aussi Bienboire, Forestier, et les pilotes écoutaient, la mine grave. Kerguelen avait pensé à cette séance à la fois pour prolonger le statu quo pacifié qui régnait depuis le départ de Port-Louis et pour se rassurer lui-même, se sentir épaulé. A la différence des autres, lui savait ce qu'ils avaient devant eux et commençait à ressentir les prémices de l'angoisse qui les avait habités au premier voyage.

— Ligniville, un rapport sur l'état du navire ?

— Pas encore de vrais soucis, mais je conseillerais la prudence à la manœuvre. Le gréement que nous avons refait à l'île de France est de la bonne ouvrage, mais nous n'avons quasiment plus d'espars de rechange, si d'autres avaries survenaient. Quant à l'humidité qui a gâté nos vivres, elle demeure. Avec la danse de ces jours-ci, la mer s'infiltre par les panneaux, les soutiers en viendraient à tremper leurs chausses !

Comme si la situation était comique, il partit d'un gros rire provocant qui n'éveilla aucun écho et mourut contre les cloisons grises. Kerguelen ne releva pas et poursuivit :

— Forestier ! Les vivres ? Que dit le maître de cale ?

— Près d'un quart, jeté au Cap, n'a pu être remplacé. Théoriquement de quoi tenir cinq ou six mois, mais il est difficile de juger pleinement de l'état de ce qui reste. On ne peut pas désarrimer la cargaison à tout bout de champ. Pour sûr, pas de quoi continuer sur le Horn.

— Laporte ? La santé des hommes ?

Le chirurgien haussa ses maigres épaules.

— Tout m'inquiète, monsieur. Je vois bien que le scorbut est aux portes et si ce froid demeure les maladies pulmonaires ne vont pas tarder. Les fièvres de la première partie du voyage les ont affaiblis et l'escale a été trop courte.

— Peut-on savoir, monsieur, quand vous comptez arriver ?

La question de du Cheyron était correcte, mais, comme d'habitude, à la limite de l'impertinence, Kerguelen ne releva pas ou fit semblant de rien.

— Nous avons, depuis quelques jours, une incertitude sur la position. La montre de Monsieur Berthoud nous place à deux degrés de latitude plus à l'ouest que notre estimation. Quoi qu'il en soit, il nous faut batailler au maximum dans le vent, au moins jusqu'à la latitude de 50° Sud, pour avoir ensuite de l'eau à courir dans l'est si nous le souhaitons. Ce faisant, il n'est pas impossible que nous tombions sur une autre partie des Terres Australes. Je pense à celles qui doivent s'étendre jusque sous le cap de Bonne-Espérance. Dès maintenant nous allons doubler les vigies et faire sonder toutes les quatre heures. La présence des oiseaux est un signe. Ligniville, vous ferez augmenter la ration de vin d'un quart. L'ordre est de ne pas forcer l'allure, surtout de nuit. Espérons qu'avant dix jours nous soyons à terre. Merci messieurs.

Quand les officiers redescendirent à la Grande Chambre, Bruguières souleva la tenture qui servait de porte à sa cabine.

— Alors ? demanda-t-il à du Cheyron. Que vous a dit « le Maître » que nous, savants, ne puissions entendre ?

— Rien, tout va bien, railla l'interpellé. Nous ne savons pas où nous sommes, ni où nous allons, le bateau ne supportera aucune avarie, l'équipage est aux abois et il n'y a plus assez de nourriture pour la mission ! Par-dessus tout, Kerguelen est mort de peur !

Chapitre 10

Les jours s'éternisaient, de plus en plus froids, de plus en plus sombres. Ils allaient toujours vers le sud, quart après quart, presque machinalement. La plupart du temps ils n'étaient que tous les trois, entre le gris du ciel et le gris de la mer, trois petits navires perdus dans les confins, chiures de mouches dans l'immense. Ils avaient l'impression d'être dans un autre monde, loin, si loin des humains de leur espèce. La nature autour d'eux avait pris d'autres rythmes, d'autres lois, différentes de tous les océans connus, plus brutales, plus crues, plus sauvages. Ils peinaient à déchiffrer ces signes nouveaux et l'étrangeté des lieux renforçait ce sentiment de solitude. Ceux qui avaient fait les oiseaux de malheur, prédisant que « l'on allait gambiller », ricanaient méchamment, mais ce n'était qu'une façade. Au fond d'eux-mêmes, ils étaient tout aussi désemparés et regrettaient d'avoir eu raison. Depuis l'accident de Léonard, la peur était palpable quand il fallait monter aux vergues. Le froid et l'humidité, attisés par le vent, torturaient les corps. L'onglée cisaillait les mains et les pieds entourés de chiffons qui devenaient aussi insensibles que des blocs de pierre. La nuit, les hommes épuisés ne parvenaient plus à se réchauffer, ils restaient tremblants, blottis au creux des hamacs, dans l'humidité. Les quintes de toux, les crachements, les grognements douloureux étaient incessants. Sans le savoir, l'équipage adopta le même comportement que celui des camarades, deux ans auparavant. Chacun se repliait sur lui-même, cherchant à se protéger, à survivre, à chiper un peu plus de biscuit même pourri dans le plat, et veillait jalousement sur ses hardes. Les disputes éclataient souvent mais n'allaient pas loin, comme si chacun était trop épuisé pour perdre de l'énergie dans une bagarre. On aurait dit une bande de roquets hargneux, prompts à montrer les dents pour courir ensuite se réfugier chacun dans sa tanière.

Comme le chirurgien l'avait prévu, l'humeur des hommes, qui s'était assombrie en même temps que le ciel, affaiblissait les corps et ouvrait le champ aux affections diverses. Fluxions pulmonaires, inflammations de la gorge et des bronches se généralisèrent et le scorbut fit une avancée foudroyante.

La longue silhouette de Laporte, assisté de Dubuc l'apothicaire, avait beau s'agiter, armé d'esprit de cochléaire, d'oseille et d'oignons confits, la maladie s'étendait comme un liquide sur du buvard. En quelques jours, une trentaine d'hommes furent hors d'état de manœuvrer et il fallut recourir à la troupe pour compléter l'équipage. Chacun s'inspectait le matin, traquant avec angoisse l'apparition d'un petit renflement de la base des poils et d'une haleine qui devenait chargée. Quand les gencives étaient ulcérées au point que les dents se déchaussaient et que les membres se couvraient d'hématomes, la fatigue était si grande qu'ils devaient s'aliter, sans grand espoir de se relever vivants. Parqués au centre de l'entrepont, les malades s'affaiblissaient, lisant les étapes de leur agonie programmée dans le regard de ceux qui étaient plus atteints. Vieux briscards, petits mousses, canonniers ou gabiers, gros, maigres, le mal frappait, sans distinction ni raison. Seuls les officiers y échappaient et, si l'on se doutait que leur meilleure nourriture y était pour quelque chose, on savait bien qu'il n'était pas question de nourrir quatre cents hommes avec autre chose que du biscuit et de la viande pourris. Dieu décidait. Quand ils devenaient incapables de mâcher, les plus faibles avaient droit au pain frais et à un peu de choucroute avec de la moutarde, parfois quelques œufs des poules rescapées. Leurs bouches édentées dégageaient une pestilence due à la putréfaction des gencives, que Laporte essayait vainement de contenir en taillant dans la masse et en les baignant de vinaigre. Il connaissait bien le mal maudit, savait que le combat était perdu d'avance et, qu'au mieux, il ne faisait que retarder la fin. Curieusement cette idée ne le décourageait pas. Il était là pour cela et distribuait saignées et potions avec le secret espoir que la Terre Australe allait offrir une escale réparatrice.

Kerguelen aussi ne rêvait que de l'arrivée. Il déployait un immense effort pour ne pas se laisser aller au découragement. Il se raccrochait à tous les signes qu'il essayait d'interpréter positivement. Il revenait à ces superstitions d'enfant qui l'avaient déjà assailli au précédent voyage et qui lui faisaient parier sur des broutilles de la vie quotidienne :

— Si je descends l'escalier de quart sans croiser personne... si j'atteins la porte de la chambre avant la prochaine vague...

Si le résultat du test n'était pas favorable, il en recommençait trois autres pour conjurer le premier. Il ne sortait quasi plus, d'autant qu'une attaque d'érysipèle à la jambe gauche le tourmentait. Il s'était fait porter son fauteuil et un tabouret pour sa jambe dans la Chambre du Conseil, près de la porte de la galerie arrière. Il y passait le plus clair de son temps. Louison lui faisait la lecture, ou s'asseyait en face de lui, sans mot dire, avec un ouvrage. On aurait alors dit deux bourgeois dans leur salon, à la différence que celui-ci était humide, mouvant et résonnait du craquement du bordé. Même s'il continuait de lui faire l'amour, par habitude ou par hygiène, il n'avait plus de plaisir avec elle. Son rêve fétichiste l'avait quitté, elle était redevenue une simple femme et il s'énervait de sa dévotion intacte. Il l'aurait presque aimée plus rebelle. Sur son ordre, elle ne paraissait plus jamais en public et passait une bonne partie de son temps à dormir.

Le 14 décembre, au matin, la petite cloche venait d'annoncer 7 heures, le coq et ses aides s'affairaient au déjeuner, quand un cri tomba de la hune :

— Glace ! Glace à parer droit devant !

Pagès, qui était de quart, contrôla à la lunette avant de réveiller Kerguelen. Effectivement, entre le gris-vert de la mer et le gris-bleu du ciel, un éclat blanc, incongru, apparaissait sur les vagues, comme un îlot de cristal qui absorbait la lumière. Le *Roland* en tête, la petite flotte courait sous basses voiles dans un fort vent. Pagès fit donc réduire la toile et doubler les vigies. Le bruit de la manœuvre attira Kerguelen sur le pont. Pagès était tout excité.

— Monsieur, il y a une glace devant nous. Si j'en juge par les relèvements que je fais depuis une demi-heure, elle paraît échouée. Nous devons être à trois lieues, à peine plus. Voyez comme elle est haute, au moins 70 ou 80 pieds ! Si, comme on le dit, sa profondeur est six fois plus grande, nous devrions avoir le fond à moins de 100 brasses.

Il avait débité son calcul d'une traite, comme s'il voulait s'accaparer le mérite de la déduction et de la découverte. Kerguelen était sur le point de le rembarrer quand une voix tomba à nouveau :

— Terre ! Terre devant, à courir sur tribord ! A 10 lieues !

Pagès esquissa carrément une cabriole. Seule l'idée de prendre enfin pied en France Australe, de rencontrer des habitants aux mœurs étranges lui avait permis de supporter ce pénible voyage et ce commandant fantasque et colérique. Dans le même état d'esprit, La Gâtinerie et Bruguières firent irruption sortant de leur sommeil, à moitié débraillés.

Comme deux ans auparavant, on avait oublié le repas et les hommes s'accrochaient au bastingage, dévorant des yeux la ligne sombre qui s'apercevait sur 40 degrés environ de l'est au sud-est. La différence tenait dans le silence. Pas de cris, pas de bonnets jetés en l'air, pas de grandes claques sur le dos, c'étaient des hommes épuisés et atones qui voyaient resurgir l'espoir, sans vraiment y croire. La longue silhouette de Laporte apparut à l'escalier de l'état-major. Il était à la saignée du matin et sa vieille vareuse était couverte de taches indistinctes et de sanies. Il regarda la terre, haussa les épaules et disparut à nouveau vers l'infirmerie. Il avait peut-être une chance d'en sauver quelques-uns, si l'on trouvait là de la viande et des légumes frais.

Kerguelen non plus ne disait pas grand-chose. Il se souvenait qu'il y a bien longtemps, il avait eu envie de crier de joie à ce spectacle. Il aurait pu s'enthousiasmer, commenter la difficulté de retrouver cette terre, disséquer la navigation et les manœuvres comme aiment à le faire les capitaines. Il aurait pu pontifier devant ses jeunes officiers, lui, l'un des seuls à bord à connaître ce lieu. Il se sentait tout simplement las, lui aussi, comme si la longue lutte soutenue pour en arriver là l'avait épuisé, comme celui qui, à trop désirer s'est dégoûté de son ambition. Paradoxalement, alors qu'il ne manquait qu'un dernier coup de collier pour assurer enfin sa gloire, il ne s'était jamais senti aussi méfiant et indécis. Quel piège recelait cette ligne violacée ? Quelle souffrance, quelle traîtrise dans ces eaux grises ourlées d'écume ?

Prenant conscience que tous le regardaient, il força sa voix.

— Monsieur Ligniville, mettez en panne. Vous ferez signal à *L'Oiseau* et à *La Dauphine* d'approcher à portée de voix. Dites-leur d'aller à terre, de chercher un mouillage et de venir rendre compte.

— Mais, monsieur, risqua Bruguières, n'irons-nous pas nous-mêmes ? Je grille d'envie d'être enfin à terre !

— Grillez, monsieur, grillez ! Cela vaut mieux que d'aller s'empaler avec notre grand tirant d'eau sur les roches qui environnent cette glace. Sachez que je ne me mêle point de votre botanique, alors laissez-moi conduire ce navire !

Leur tournant le dos, Kerguelen laissa savants

et officiers perplexes et déconfits. Il leur avait, en quelque sorte, volé leur plaisir. Ils étaient là, mal vêtus mais prêts à tout, frissonnant dans ce petit matin, comme des enfants à qui l'on a promis un cadeau qu'on leur refuse à la dernière minute.

En milieu de journée, *L'Oiseau* revint signalant, par ses pavillons, qu'ils avaient trouvé une baie propre au mouillage, mais le vent tomba presque au même moment. Les eaux avaient pris une consistance huileuse d'un gris sale et seule la houle subsistait. Au loin, on entendait le grondement continu de la mer qui brisait sur les falaises. On avait beau s'arracher les yeux, on ne voyait pas grand-chose d'autre qu'une barre noire, assez haute, à peine coiffée de vert et de blanc. Par la différence des gris, on pouvait déduire que de profondes indentations entaillaient la côte. Kerguelen avait interdit de s'approcher à moins de cinq lieues. Si l'on n'avait pas le plaisir de la découverte, on en avait le désagrément. Dans cette faible brise, la réflexion de la houle refluait loin vers le large. Le *Roland*, immobile, subissait cette mer chaotique. Il roulait et tanguait pesamment, sans rythme ni direction. Son gréement, qui n'était plus tendu par le vent, donnait de violents coups de rappel à chaque vague. Les toiles claquaient, dégouttant de condensation, dans un grand vacarme de poulies martyrisées. Pour comble la brume fit son apparition. Elle occupa d'abord le creux des lames, comme de petites taches inoffensives, puis se mit à monter. Quand elle rejoignit les nuages elle leur donna une couleur jaunâtre, maladive. Peu à peu elle gomma l'horizon d'abord par plaques, puis comme un linceul de plus en plus épais, jusqu'à ce qu'elle ait entièrement absorbé le paysage. Comme la brume propageait mieux le son, la côte, invisible, s'entendait. Le grondement semblait proche au point que l'on craignait d'avoir été entraîné, par un courant soudain, vers des hauts-fonds. Par un effet encore plus pervers, on ne pouvait plus distinguer d'où venait le bruit. En écoutant des vagues plus fortes s'écraser dans un long craquement semblable à l'orage, les hommes sursautaient et tout le monde regardait dans une direction différente. Le phénomène était courant sur les côtes bretonne, mais ici, au bout du monde, dans cet océan glacé, il prenait une dimension fantasmatique. Cette terre, à peine entrevue, leur était retirée. Une puissance obscure entravait leur volonté. Plusieurs fois dans l'après-midi, un homme se mit à hurler qu'il avait vu quelque chose s'agiter, menacer, derrière cette ouate sale. Kerguelen ne parut pas, mais au plus fort de la brume, fit prendre l'amure tribord pour s'écarter vers le large.

Toute la nuit, dans un noir d'encre, on se maintint tant bien que mal à proximité de *L'Oiseau* en tirant abondamment le canon. On ne distinguait ni étoiles, ni lune, ni même les éclats de vagues déferlant fugitivement. Là encore, quelques hommes de quart jurèrent qu'ils n'avaient jamais vu pareille gueule d'enfer et qu'il y avait quelque sorcellerie là-dessous. Le froid paraissait plus intense et c'est un jeune canonnier qui traduisit le mieux le sentiment général :

— Bon Dieu, ce froid, ce noir, je m'croirais dans ma propre tombe !

Les dix jours qui suivirent furent un étrange et tragique cache-cache. Les vents venaient d'un peu tous les points cardinaux, avec des variations brutales en force et en direction. La brume apparaissait et disparaissait soudainement. On avait à peine arrêté une stratégie qu'une nouvelle situation en imposait une autre. Kerguelen ne voulait en aucun cas prendre le moindre risque et ces conditions erratiques ne faisaient qu'augmenter sa méfiance. On était visiblement au nord de la terre principale, celle découverte au premier voyage. On croisa quelques îles sur lesquelles il était hors de question de débarquer. Elles ne présentaient aucune plage et le ressac grondait au pied de leurs falaises où jouaient des loups marins. De toute façon, on n'y voyait aucun arbre et encore moins de constructions, seul le tournoiement des oiseaux les signalait. Leur côte ressemblait à un mille-feuille découpé par quelque couteau de géant, un empilement de strates plus ou moins sombres couronné de neige, avec parfois la tache incongrue d'une verdure rabougrie.

Au début, Kerguelen avait simplement pensé

qu'il suffisait d'attendre des conditions favorables pour aller à terre. Mais moins cette occurrence se présentait, plus il se décourageait. Il se sentait incapable de trancher dans le vif et d'ordonner un débarquement malgré tout. S'il le faisait, pensait-il, quelque mauvais génie des lieux lui enverrait une épreuve insurmontable. Les trois navires, se perdant ou se retrouvant au gré du vent et de la visibilité, tournaient en rond dans vingt lieues carrées. Quand il soufflait grand frais ou plus, presque un jour sur deux, tout le monde comprenait bien que l'on s'éloignât du rivage. Mais l'autre moitié du temps la houle s'aplatissait et le ciel montrait de belles éclaircies où éclatait un soleil pâle mais franc. Les neiges de la côte scintillaient au loin comme un appât. Là, il semblait aux hommes que l'on tardait toujours trop à virer vers la terre. Il s'écoulait souvent deux heures avant que ne retentissent les trilles qui envoyaient les hommes carguer les écoutes, les bras et les boulines. Encore fallait-il avant faire signaux de pavillons aux deux autres navires et s'assurer qu'ils avaient compris. Bref, pour peu que l'on se soit un peu trop éloigné, il y avait toujours la brume, la nuit ou le retour du mauvais temps, pour contrarier l'atterrissage. Et on reprenait la bordée vers le large.

Les esprits, confinés dans cette cage aux invisibles barreaux de méridiens et de parallèles, ne tardèrent pas à s'aigrir. Du Cheyron prit bien entendu la tête de la cabale qui se moquait et raillait, entre les tentures de la Grande Chambre, dès que l'on tournait les talons. Chaque jour qui passait faisait monter l'exaspération. Bruguières et La Gâtinerie restaient ostensiblement toute la journée à prendre des relèvements et observer le moindre caillou pendant des heures à la lunette. Même Pagès s'énervait. A table, dans la Grande Chambre, il avait lâché que « Quand on a une mission, on doit être prêt à mourir pour l'accomplir ».

Les plus expérimentés ne mésestimaient pas la difficulté d'aborder une côte inconnue avec ce temps inconstant. Un bon mouillage prenait trois heures, virer seulement de bord demandait une grosse demi-heure. Il y avait toujours un moment où, en approchant, les dés étaient jetés et les chances de parer à une difficulté inopinée, infimes. Il aurait fallu un peu plus d'audace, un peu moins de prudence. L'indécision d'un seul les mettait tous sur le gril.

Dans l'entrepont, la maladie poursuivait son ouvrage avec une effrayante et régulière ponctualité. A chaque minute l'équipage se défaisait un peu plus dans la pourriture, les vomissures et les chiasses. Une nuit, un homme se jeta sur son voisin et tenta de l'étrangler parce qu'il ne supportait plus de l'entendre tousser et cracher en permanence et craignait la contagion. Le père Mahéo était appelé de jour comme de nuit en confession par ceux qui se pensaient à bout de souffrance. On ne mourait pas encore, mais pour parer à toute éventualité, l'abbé se promenait avec une burette des saintes huiles en permanence dans la poche de sa soutane.

Dans la nuit du 21 au 22, le vent de sud-ouest glacial enfla jusqu'à la tempête. Le *Roland* se tenait à la cape sous grand-voile d'étai, petit foc et foc d'artimon. La nuit était claire, la lune et les étoiles diffusaient une clarté bleuâtre qui renforçait la sensation de froid. Le navire s'inclinait pesamment à chaque lame qui déferlait sur le pont jusqu'au fronteau du gaillard d'arrière. Quand il fallut carguer la grand-voile d'étai, au plus fort du coup de vent, le froid était si intense que les embruns gelaient en vol et lardaient les hommes d'épines de glace qui transperçaient les vêtements, comme au premier voyage. Il fallait toute l'ardeur des maîtres pour entraîner les gabiers à la manœuvre. A cette occasion, quatre d'entre eux, dont le second pilote Duclos et le second maître Lioncourt, qui n'étaient pas les plus mal vêtus, s'évanouirent de douleur et d'épuisement.

Le lendemain, le temps s'était pourtant calmé, du Cheyron ne put obtenir de faire serrer un hunier. Les hommes étaient si lents que le vent avait mille fois le temps de regonfler la toile avant qu'elle eût été rabantée. Il s'y reprit à quatre fois et fut obligé de faire monter les tribordais à la rescousse. Kerguelen, qui avait l'air de s'être désintéressé de la vie du bord, se reprit un peu quand

Ligniville et Laporte vinrent intercéder pour l'équipage. On convint d'augmenter la ration de biscuit de 4 onces par personne.

— Un peu plus de pourriture ! maugréa un matelot qui, pourtant, se jeta sur la nourriture.

Les cambusiers avaient vite fait les comptes. La durée du voyage venait d'être réduite d'un mois.

Le jour de Noël était obscur. Les nuages roulaient les uns sur les autres, comme des ventres gras et sombres. La messe fut dite solennellement, l'autel installé sur la dunette. Les officiers en grand uniforme formaient la seule note gaie, bleu, rouge et chamarrée, dans le jour terne. En contrebas, les marins avaient beau avoir mis des habits supposés propres, on ne voyait qu'une masse marron d'où sortaient des tignasses hirsutes. Leurs têtes courbées pouvaient aussi bien dénoter la piété que l'accablement.

Kerguelen, qui avait convié Rosnevet, Ferron et leurs seconds, à la messe et au dîner de Noël, donna l'ordre d'un service en grande pompe. A la table de la Chambre du Conseil, faisant fi du roulis, le cristal et la porcelaine étincelaient sous le feu des chandeliers, qui rendaient les lieux moins lugubres. On avait tué les dernières poules, celles qui n'étaient pas encore mortes de froid, et le commandant avait ouvert sa cave sans compter. Il espérait que Rosnevet, que tout le monde adorait, allait dérider l'ambiance. A bord de *L'Oiseau*, on commençait seulement à ressentir les premières difficultés dues au froid et à l'absence de nourriture fraîche depuis Port-Louis. Pour le reste, cet homme cultivé, affable et généreux avait fait régner la bonne humeur. Quant à Ferron, un costaud au visage rougi dont la tignasse débordait sous la perruque, il avait une réputation de bon vivant. Son équipage, formé à l'île de France, était encore vaillant. Malgré les nouveaux venus, l'atmosphère restait pesante. Louison était apparue dans une robe de sa fabrication, une sorte de sac informe de taffetas brun qui lui couvrait entièrement la gorge et lui donnait des allures de nonne. Elle ne desserra pas les dents du repas, mais ne réussit pas à faire oublier sa présence incongrue, dans cette assemblée de marins en mission.

Un an auparavant, chacun d'entre eux festoyait, sans doute, au coin d'une vaste cheminée, entre famille et amis. Aujourd'hui, ils en étaient réduits à prendre des vieilles poules pour des chapons gras et tournaient en rond dans la tempête aux confins du monde, dans un quotidien qui paraissait de plus en plus absurde.

Malgré les efforts des trois capitaines, la discussion fut morose. Kerguelen, Rosnevet et Bruguières dissertèrent sur la question des glaces et de leur formation en mer. Fort de son expérience en Islande, Kerguelen expliquait que l'air venu des pôles apportait des corpuscules de froid. Ils chassaient la matière subtile et éthérée qui constitue la chaleur et garde, normalement, aux liquides leur fluidité. Privée de cette liqueur active, l'eau se figeait en glace. On fit poliment semblant de se passionner pour cette théorie qui, au moins, éloignait les esprits d'une autre controverse.

Après dîner, Kerguelen renvoya tout le monde à la Grande Chambre pour les liqueurs et ne garda que Rosnevet. Ils se firent apporter des fauteuils et un guéridon et Lair sortit le fameux ratafia.

Kerguelen aimait vraiment Rosnevet, c'est lui qui avait insisté pour qu'il soit nommé. Sa loyauté, sa finesse, sa culture scientifique, son entrain, tout lui plaisait. Il ne broncha donc pas quand celui-ci, après un petit silence de dégustation, attaqua :

— J'avoue ne pas te comprendre, Yves, nous voilà depuis près de deux semaines en vue de cette terre et j'ai l'impression, excuse-moi si je te froisse, que tu fais tout pour l'éviter ?

Kerguelen resta un long moment silencieux, étirant sa jambe malade, fixant le fond de son verre.

— Nous avons de nombreux malades, tu le sais, et un 64 canons ne manœuvre pas avec la facilité d'une frégate...

— Oui, bien sûr, coupa Rosnevet. Je sais qu'emporté par un courant ou dans une bourrasque, l'accident arrive vite. Mais par deux fois au moins, en nous dépêchant un peu, nous aurions pu être en rade, solidement mouillés avant la nuit. Il m'a semblé que tu faisais tout pour retarder ce moment, jusqu'à ce que l'obscurité nous force à faire demi-tour. Je ne te reconnais plus, Yves !

Il posa amicalement son bras sur celui de Kerguelen. Son visage reflétait la bienveillance et l'incompréhension.

— Que se passe-t-il ? Pense que nos hommes ont désespérément besoin de l'air de la terre et de quelque verdure pour lutter contre la maladie. Cela devient urgent ! Qu'est-ce qui te retient ?

Le silence s'appesantit, mais Rosnevet ne voulait pas rompre l'engagement. Finalement, Kerguelen répondit d'une voix si basse qu'il fallait tendre l'oreille, au milieu des craquements du navire.

— Tu vas me prendre pour un fou ou pour un sot. Je n'ai pas confiance en cet endroit, j'avais déjà ressenti cela la première fois et de retrouver ce même sentiment aujourd'hui me... – il hésitait pour employer des mots les plus neutres possible – m'inquiète. J'ai un mauvais pressentiment, c'est tout, mais il est si fort que je ne peux passer outre. Tout est si lugubre ici et surtout nous sommes si loin, si seuls. J'ai l'impression d'un abandon qui me ronge. Chaque vague est traîtresse, chaque nuage est porteur d'un mauvais coup et surtout il n'y a pas de répit, jamais... jamais... Sais-tu que l'autre jour je me suis réveillé en suffoquant. Je me suis aperçu qu'inconsciemment je retenais mon souffle à chaque houle, quand le bateau gîtait, et ne pouvais reprendre ma respiration qu'arrivé en sécurité au creux de la vague. Ce rythme était insoutenable, il m'asphyxiait !

Sa voix se fit plus forte. Rosnevet le regardait d'un air de plus en plus perplexe.

— Si je n'avais pas peur que tu te moques, je te dirais que je sens ici une sorcellerie, quelque Achéron qui défend l'entrée d'un royaume de mort. D'ailleurs, que venons-nous faire ici ? Tu as vu ces falaises sinistres, cette neige, ces rocs ! N'irons-nous à terre que pour y mourir de faim si nos vaisseaux sont jetés à la côte ? Je hais cet endroit et cet endroit me hait !

— Cet endroit te hait ? – Rosnevet marqua un temps d'arrêt, sidéré. – Mais enfin, ton mémoire au roi... ton énergie d'alors... Je sais combien tu t'es battu pour que ce voyage ait lieu !

— Je ne sais pas, je ne sais plus, j'ai l'impression de n'être plus moi-même.

Il se massa la jambe lentement :

— Les querelles des mois derniers m'ont épuisé. Ce pays m'achève !

Rosnevet se leva lentement et se mit à parcourir l'espace entre la table jonchée de nourritures refroidies et les fenêtres de la galerie. Il n'avait pas perçu, dans leurs quelques échanges épistolaires, la gravité de l'abattement de son ami. Mais il savait combien, dans un tel environnement, l'ardeur et l'enthousiasme d'un chef sont indispensables. Sans eux, les équipages se défont comme un corps dont le cœur aurait flanché.

— Ecoute, Yves, je suis ton ami, fais-moi confiance. Essayons encore une fois, au moins une, prête-moi un ou deux officiers pour que j'aille à terre et repère un bon mouillage. Reste te reposer au large. Je suis sûr de trouver quelque chose derrière ce grand cap que tu as baptisé d'Estaing, de nombreuses baies semblent s'ouvrir. Nous ne pouvons pas abandonner avant d'avoir commencé. La cour, le Roi, nous regardent !

Kerguelen se resservit une pleine rasade de ratafia qu'il avala cul sec. Il regarda longuement Rosnevet dans les yeux et celui-ci ne faiblit pas.

— Bon, si tu veux, encore une fois ! De toute façon nous ne tiendrons plus très longtemps, autant jeter toutes nos forces dans la bataille.

Rosnevet sourit largement.

— Bravo ! Tu vas voir tout va s'arranger, je vais faire prendre toutes les dispositions à mon bord.

Il s'élançait déjà vers la porte, pressé, avant que Kerguelen ne risque de changer d'avis. Mais il se retint encore un instant.

— Il y a encore autre chose. Je profite que nous soyons seuls... La jeune fille... que deviendra-t-elle ? et as tu pensé au retour ?

— Oui, je lui ferai une pension quand elle débarquera qui lui permettra de retourner au couvent en attendant un mariage.

— Non, je veux parler de toi, du scandale, tu sais bien qu'il y a à ce bord des hommes prêts à te nuire.

— Quoi ! – La colère le ranimait. – Ces petits écrivaillons, ces savants de pacotille, qui se permettent de me toiser parce qu'ils se croient plus instruits ! Il ne sont pas du Corps, personne ne les écoutera.

— Non, je veux justement parler d'officiers...

Cette fois-ci Kerguelen s'était levé et faisait face à son ami rageusement :

— Je suis leur supérieur, ils me doivent respect et obéissance.

Rosnevet s'en voulut d'avoir abordé ce sujet, mais depuis longtemps il y pensait.

— Méfie-toi quand même un peu, Yves, les choses changent étrangement ces temps-ci, même dans le Corps. La hiérarchie est contestée et des petits s'attaquent à plus gros qu'eux. Je n'en vois pas le bien, mais c'est ainsi.

Il lui fallait maintenant rapidement conclure :

— Ne t'inquiète pas, je serai toujours de ton coté. Chaque chose en son temps, pour l'instant, sus aux Terres Australes !

Il disparut en laissant son commandant dans un curieux état d'esprit, mélange de colère, d'angoisse et de fatalisme. C'était la seconde fois que quelqu'un en qui il avait confiance le mettait en garde sur les conséquences de la présence de Louison.

Les mers du Sud s'enrageaient encore et toujours. De tempêtes en coups de vent, il fallut attendre le 6 janvier pour que Rosnevet puisse mettre son projet à exécution. Ce matin-là, le vent hésitait entre l'est et le nord, de force modérée, et de belles éclaircies réchauffaient l'atmosphère.

La chaloupe prêtée par le *Roland* avec à son bord Rochegude, officier de *L'Oiseau*, du Cheyron, six hommes du régiment et son équipage de rameurs parvint à entrer dans une baie profonde de trois lieues. Ouverte au seul vent d'est, c'était un bon abri. La chaloupe sonda et ne découvrit aucune roche immergée. L'endroit était impressionnant. De part et d'autre de l'entrée s'élevait toujours la même stratification de roches noirâtres sur plus de 200 toises. Sur le bord sud de la baie, la falaise s'étirait vers le large, en la protégeant des vents et de la houle. Elle se terminait par une arche gigantesque, de 50 toises de haut, deux piliers colossaux supportant, par un miracle tectonique, un tablier monstrueux. Croisant au large, Rosnevet repensa, en la voyant, à ce que lui avait dit Kerguelen sur Achéron et la porte de la mort.

Au fond de la baie, l'expédition débarqua sur une petite plage où piaillait une colonie de pingouins. Des loups marins paressaient voluptueusement sur le sable sombre. Les arrivants furent d'abord impressionnés par le bruit du vent. En s'engouffrant dans l'axe de la baie, accéléré le long des falaises, il faisait entendre un rugissement ininterrompu, un grondement effrayant, une basse continue plus puissante que mille tambours. Des cascades tentaient de tomber de la falaise sud, mais le vent semblait les saisir à pleine main pour les rejeter vers le haut. Aucune d'entre elles n'atteignait le sol et elles se dissolvaient en une brume arc-en-ciel, sous le soleil.

Au-delà de la plage, ils pataugèrent dans un marécage herbeux et escaladèrent une butte. Il y avait là un petit lac entouré de joncs. Son eau sombre était blanchie de mille rides levées par le vent. Du Cheyron la goûta et la jugea délicieuse. Aucun arbre, aucune fleur, au cœur de cet été, n'égayait l'austérité. La pauvre verdure était, par plaques, recouverte de vieille neige. L'ensemble avait un air triste et froid. Grandiose certes, mais à la manière d'un monument funéraire, quand l'éclat du marbre lisse évoque l'éternité. La petite troupe fut rapidement arrêtée par une paroi plongeant vers une autre baie ouverte à l'ouest. Au loin, on apercevait les îles qu'ils avaient nommées « Roland » « de Croÿ » et « Ternay » puis l'infini moutonnement gris-vert de l'océan austral.

C'était un havre, mais pas de ceux qui offriraient réconfort et nourriture fraîche, hormis de l'eau.

A la hâte, on renouvela la prise de possession. Cette fois-ci on avait amené de France des plaques de cuivre gravées.

« Ludovico XV Galliarum rege et D de Boynes regis a secretis ad res maritimas, annis 1772 et 1773. »

Rochegude, discret érudit, se prit à rêver à ceux qui, des siècles plus tard, déterreraient par hasard ce métal verdi, qu'ils prendraient pour un témoignage de victoire. Lui voyait dans cette cérémonie bâclée une défaite pathétique.

Malgré un rapport peu encourageant, Rosnevet était convaincu qu'une escale dans cette baie qu'il baptisa baie de « l'Oiseau », serait profitable. On pourrait dresser des tentes, abritées par la butte du lac, où les malades échapperaient à l'atmosphère humide et viciée qui provoquait le scorbut. Kerguelen, enfin à terre, échapperait à sa mélancolie.

Mais encore et toujours, des obstacles se dressaient à l'exécution du projet. Un jour, on ne manœuvrait pas assez vite pour gagner le mouillage avant la nuit, puis il soufflait une tempête. Une autre fois, il fallait finir un transbordement de bois et de vivres pour *La Dauphine* qui manquait de tout, et les va-et-vient des canots dans la mer étaient interminables. La fois d'après il y avait de la brume et on se perdait. Et le temps passait, enfonçant toujours plus l'expédition dans les tourments et le découragement. Dix jours encore, les trois navires poursuivirent leur errance entre la côte et l'île qu'ils avaient baptisé du « Rendez-vous », à quelques lieues de là.

Rosnevet n'avait plus été invité à bord du *Roland* et on échangeait simplement des billets par les chaloupes. Kerguelen y tenait la chronique de ses malheurs avec une certaine complaisance : le 31 décembre il était entré en collision avec *La Dauphine* qui venait rendre compte ; le 1er janvier, le bateau à sec de toile, la mer avait déferlé si fort sur le pont, qu'elle avait envahi les soutes aux vivres et avait gâté une bonne partie du riz et du biscuit restant ; le 6 on avait découvert que les haubans de chanvre raccourcissaient en gelant et cette surtension avait endommagé les jottereaux d'assemblage du grand mât ; le 9, au milieu des bourrasques de neige, il avait fallu, par six fois, descendre avec des cordes des matelots qui s'étaient encore évanouis dans les vergues ; le 13, on comptait soixante hommes malades dans les cadres.

Peu à peu, la tentation de la fuite s'imposa à son esprit. Ses messages firent de plus en plus clairement allusion à un retour nécessaire dans des eaux plus clémentes, à une escale sûre qui sauverait l'équipage. A cette saison, Madagascar était à l'abri des cyclones, le comte de Benowsky y avait été envoyé pour créer un établissement, on y trouverait des secours. Longtemps Rosnevet, qui voyait lui aussi grandir le nombre de ses malades, s'entêta à chercher un mouillage. Puis il proposa que l'on suive le cinquantième parallèle jusqu'en Nouvelle-Zélande et que l'on fasse ensuite étape à Manille. Cela permettrait de finir le tour du monde, tout en visitant les fameux antipodes. Quand il sentit que Kerguelen était sur le point d'ordonner la retraite, il offrit même de continuer seul vers le Horn. Dans l'esprit de Rosnevet, cette proposition n'était pas perfide. Il voulait à tout prix accomplir une partie au moins de la mission. Il se sentait de plus en plus frustré et cherchait un moyen de concilier son ambition et son sens de la discipline. Mais l'idée était trop dangereuse pour Kerguelen. Si elle réussissait il serait, lui, couvert de honte. Même si le commandant de *L'Oiseau* était prêt à témoigner que son propre bateau et son équipage étaient en bien meilleur état.

Le 17 janvier, le baromètre de Chapy chuta de manière vertigineuse.

Subitement, Kerguelen repensa à l'un de ses anciens maîtres du *Protée*, le navire sur lequel il avait embarqué, comme jeune garde-marine. Ce jour-là, son visage devait marquer l'inquiétude, alors que le vent se levait fort. Le vieux lui avait glissé gentiment :

— Pas de soucis, jeune monsieur, c'est pas la bonne ! Si ça l'était vous le sauriez.

Il lui avait expliqué, sur un ton qui ne sentait pas la plaisanterie, que chaque marin avait, un jour, rendez-vous avec *sa* tempête, celle que l'on appelle « la mort blanche », blanche comme le bouillonnement des déferlantes. On ne pouvait prédire quand elle arriverait et encore moins savoir si on allait lui échapper, mais, du moment où l'on faisait métier d'aller sur l'eau, le rendez-vous était pris. Il ne servait à rien de chercher à deviner ou anticiper sa venue. Tous ceux qui avaient survécu à cette épreuve racontaient qu'ils s'étaient sentis envahis, habités soudainement par la certitude que l'heure avait sonné comme si l'océan, pour cette exceptionnelle occasion, leur parlait un langage intelligible.

Kerguelen sortit sur la galerie. Les nuages arrivaient à toute vitesse dans deux directions différentes. En altitude, d'immenses plumes d'un blanc éclatant filaient vers l'est et, plus bas, les cumulus s'épaississaient, surgissant du nord-ouest. Il observa quelque temps l'océan qui se creusait à vue d'œil, en prenant une couleur ardoise foncée, striée de blanc. Durant la demi-heure où il resta dehors, chaque rafale était plus forte que la précédente. Il sentait dans la mer une puissance contenue qui se mettait en mouvement, une rage accumulée qui allait se déchaîner.

Le vent de nord-ouest atteignit rapidement la force de l'ouragan, creusant des vagues de plus de 40 pieds. Comme elle s'était levée très vite, la houle avait une pente abrupte et le tiers supérieur déferlait, libérant des milliers de tonnes d'eaux qui s'abattaient contre la coque, ébranlant le navire jusqu'aux membrures. La mer, barattée en tous sens par les rouleaux, prit une couleur bizarre, d'un vert sombre laiteux, dû aux millions de bulles d'air emprisonnées. Peu à peu, le plafond de nuages s'abaissa jusqu'à rencontrer la houle. Quand on essayait de regarder du côté du vent, on voyait des nuées noires se précipiter en énormes volutes, comme si elles provenaient d'un incendie. L'air était plein d'embruns arrachés aux vagues, tels des crachats qui s'envolaient sur des centaines de mètres. En fin de journée, on ne pouvait plus distinguer ce qui était la mer ou le nuage dans cette bouillie d'eau vaporisée. A chaque respiration, qu'il fallait prendre dos au vent, on avait l'impression d'être obligé de trier l'air de l'eau.

Deux heures avant le coucher du soleil, la situation, que l'on jugeait déjà critique, empira avec la saute du vent au sud-ouest. La température baissa brusquement, les embruns recommencèrent à geler en vol et ils s'écrasaient, crépitant sur le pont comme de la mitraille, ou s'engluaient le long des cordages en formant une gangue de glace. La houle résiduelle de nord-ouest se conjuguait maintenant à celle formée dans la nouvelle direction et l'océan, à perte de vue, n'était plus qu'un chamboulement, un chaos insensé. Le navire dévalait les pentes, évitant de justesse de passer cul par-dessus tête, comme un cheval qui se ferait dépasser par sa voiture. Par chance, aucune vague ne saisit le bateau par le côté, ce qui l'aurait à coup sûr démâté et sans doute entraîné par le fond. Le plus insupportable, dans cette nouvelle situation, était, paradoxalement, que ces grains d'une violence inouïe étaient entrecoupés de périodes de rémission. On espérait alors la fin du cauchemar. On sentait sa nuque se détendre légèrement, on faisait déjà mentalement le compte des avaries, heureux de s'en tirer à bon compte. Mais le grincement du vent se déchaînait à nouveau, comme s'il n'avait fait que battre le rappel de ses forces pour un nouvel assaut.

Personne à bord n'avait jamais vu de pareille furie, surtout si vite levée. Les trois navires, à sec de toile, se perdirent derrière le rideau sombre. Rapidement il n'y eut plus rien que la main de l'homme pût faire contre ce déchaînement, à part les deux timoniers qui, sous la direction d'un pilotin, essayaient de maintenir le bateau proche de l'axe des vagues. Tous les marins étaient regroupés, assis par terre, sous le pont de batterie, serrés comme un troupeau prêt pour l'abattoir. Ils écoutaient les déferlantes qui s'approchaient, rentrant instinctivement la tête dans les épaules quand leur fracas sur la muraille faisait craquer le bois, comme sous un boulet. Quand le petit hunier, puis le perroquet de fougue se déferlèrent et s'envolèrent dans un grand fracas de toile, ce fut si bref que l'on n'eut même pas à essayer d'intervenir. Certains priaient, d'autres pleuraient, la plupart, la tête sur les genoux repliés, se laissaient dériver dans une angoisse comateuse.

Pour une fois unis par cette calamité, Kerguelen, tous ses officiers et même les savants passèrent presque toute la journée et la nuit ensemble dans la timonerie. Chacun, agrippé comme il pouvait pour résister aux mouvements désordonnés, regardait du coin de l'œil les efforts des barreurs en sueur qui juraient à pleins poumons. Ils étaient là, trempés, gelés, mais incapables de s'arracher au spectacle qu'ils entrevoyaient à l'ouvert du pont. De toute façon aucun n'aurait pu dormir, ni même rester assis sur sa couchette. La perspective d'être ballotté seul dans le noir suffisait à leur ôter l'envie de gagner leurs cabines. Sans se l'avouer, chacun préférait voir la mort venir en face et l'affronter à l'air libre, plutôt que d'être noyé comme un rat dans les profondeurs de la coque. Personne ne parlait sauf pour une exclamation ou l'ordre bref de changer les hommes de barre. Le temps s'éternisait sans qu'ils soient capables de le mesurer, seconde après seconde, vague après vague, et tous étaient frappés par leur impuissance. Les marins, habitués à se battre, à imposer leur volonté même dans de dures conditions, étaient subitement totalement dépassés, démunis. A chaque déferlante, ils s'étonnaient d'être encore là, le bateau sous les pieds. Ils priaient Dieu, mais se sentait plutôt dans la main du diable. S'ils avaient dû caractériser le sentiment qu'ils ressentaient, ils auraient unanimement parlé de mépris. Oui, le vieil océan était totalement indifférent à leur présence, à leur vie ou à leur mort, comme un mastodonte en marche ne se préoccupe pas des fourmis qu'il écrase.

L'aube fade et glauque n'apporta aucun réconfort et ce fut seulement en fin de matinée que la fureur sembla s'épuiser, laissant les hommes hagards. Près des chaloupes, les cadavres des derniers moutons, morts de froid ou de noyade, faisaient penser au théâtre d'une bataille perdue.

Dans l'après-midi, on avait hâtivement pansé les plaies du *Roland*. Kerguelen fit rallier *L'Oiseau* et *La Dauphine* et donna le signal d'une route au nord.

En moins de deux heures, les sombres falaises des cinquantièmes disparurent. L'océan austral avait remporté les deux manches. A aucun moment, il n'avait laissé Kerguelen sentir sous son pied le roc ou le sable humide de l'île qui porterait malgré tout son nom.

Chapitre 11

Le grain fouetta le carreau quelques minutes, puis s'éloigna, et Kerguelen le regarda noircir les eaux de la Penfeld. Une fois de plus, il eut l'envie irraisonnée de sortir sur la dunette, pour sentir cette odeur fade de l'eau douce, quand elle lutte contre l'air iodé. Il oublia la plume qu'il avait en main et qui commençait à tacher le petit écritoire de voyage. Par l'étroit point de vue que lui offrait la fenêtre de sa chambre, il aperçut un chasse-marée surchargé qui devait livrer des sacs de biscuit ou des tonneaux de porc salé à une frégate au mouillage. Depuis dix jours, la rade s'était animée, l'activité revenait avec le printemps. Il imaginait quelque jeune capitaine, prenant son service, inspectant son nouveau navire de la proue à la poupe, jaugeant les hommes du regard. L'idée provoqua en lui une sourde douleur à la poitrine, une bouffée de jalousie. Il lutta contre l'envie d'appeler la sentinelle et d'essayer de parlementer pour qu'on le laisse sortir respirer un peu. Mais il craignit trop le refus humiliant ou, pire, condescendant. Il revint à sa lettre. C'était la troisième fois qu'il écrivait sans succès au comte d'Hector, le président du conseil de guerre, arguant de sa mauvaise santé et des soucis de Trémarec pour que soit levée sa détention provisoire. Ce gros imbécile avait tous les pouvoirs. A coup sûr, il fanfaronnait dans les salons sur l'enfermement de Kerguelen pour accroître sa popularité dans le Corps et d'Aché, son second au tribunal, devait attiser sa malveillance. Etait-ce sa faute si le neveu de celui-ci, Antoine d'Aché, jeune garde du pavillon, était mort à bord du *Roland* lors du voyage de retour ?

Il ne savait plus comment tourner ses phrases, déchira la lettre.

Contrairement à ce qu'il avait espéré lorsqu'ils avaient quitté les Terres Australes, la descente aux enfers avait continué.

Dès que l'on avait su, à l'infirmerie, que l'on renonçait, le désespoir avait achevé l'œuvre du scorbut. Les plus atteints avaient compris qu'ils ne résisteraient pas à ce mois supplémentaire de traversée. Quand l'infection gagnait le pharynx, provoquant des bavements sanguinolents et continus, Laporte savait que ce n'était plus qu'une question d'heures. Il essayait de se tenir près d'eux, épongeant machinalement leur peau grise et flasque, couverte d'ulcères. Même s'ils ne pouvaient plus parler, ils couvaient le chirurgien d'un regard de bête reconnaissante, qui finissait par devenir vitreux, dans un dernier hoquet. Il en mourut quinze en quatre semaines. Le rituel était en place. Au branle-bas du matin, les mousses couraient chercher la planche du coq, pendant que Carré, le maître voilier, finissait de coudre le linceul de vieille toile, lesté d'un boulet de 6. Pour le premier mort Kerguelen assista à l'immersion, ensuite il laissa cela à l'officier de quart. On ne pouvait pas allumer les cierges à cause du vent et les hommes n'appréciaient pas de devoir rester immobiles, tête nue, dans le froid. Chacun cherchait à se préserver comme il pouvait et tous pensaient que le froid augmentait les occurrences de la maladie. La cérémonie était donc bâclée en quelques prières et l'on entendait à peine, parmi les bruits de mer, le choc sourd du corps plongeant.

— Qu'est-ce qu'on est venus foutre, pour rien, dans cet endroit de misère ! C'est bon qu'à tuer l'pauvre marin !

La rengaine courait les coursives, mais personne n'osait relever la tête quand passait un officier.

Sur le gaillard d'arrière, au contraire, la rébellion était ouverte. Du Cheyron avait aisément rallié tout le monde à sa cause, à l'exception, toujours, de Ligniville. Les allusions aux occasions manquées, à la désobéissance aux ordres du roi, à la peur du capitaine, étaient quotidiennes. Plus le temps devenait clément, en remontant vers le nord, plus les escarmouches se multipliaient. L'angoisse, qui n'occupait plus les esprits, laissait place à la rancœur, à l'arrogance et au dédain. Les jeunes messieurs triomphaient, Kerguelen n'était bien qu'un lourdaud incapable et tyrannique, qui portait seul la responsabilité de l'échec. Les esprits semblaient s'échauffer avec l'augmentation de la température extérieure, comme le corps des marins morts qui se décomposait de plus en plus vite. Le semblant d'unanimité qui avait prévalu, face au danger, se corrompait, se désagrégeait, comme s'il pourrissait au soleil retrouvé.

L'escale à la baie d'Antongil, à Madagascar, avait été désastreuse. Le comte de Benowsky, arrivé depuis peu pour prendre possession de l'île, ne savait que mettre le feu aux cases indigènes. C'est Kerguelen qui avait dû lui prêter des soldats pour faire régner l'ordre alors qu'il espérait des secours. Le climat y était lourd, humide, chargé de miasmes et de fièvres et il mourut encore dix hommes pendant le mois.

A l'approche de Brest, on en était venu aux insultes et aux menaces. Dans chaque camp on se promettait de faire des rapports vengeurs, d'en appeler à des appuis haut placés, bref, de faire éclater la querelle au grand jour.

Kerguelen, les yeux maintenant fermés, renversé dans son fauteuil, revoyait les images de sa déroute annoncée, images cruelles d'une insolence qu'il ne pouvait plus maîtriser. Du Cheyron gardait ouvertement la lumière le soir, ne parlait qu'à l'aumônier pour demander les plats au dîner. La

Gâtinerie avait fait un scandale quand on avait dû démonter sa chambre pour réinstaller le canon à l'occasion d'un exercice de tir. Cet imbécile n'avait même pas idée qu'en quelques mois de mer, les alliances entre Etats avaient pu se renverser sans qu'on le sache et qu'il fallait être prêt à recevoir n'importe quel pavillon à coups de boulets en approchant d'Europe. Kerguelen devait tourner la tête pour faire semblant de ne pas voir que certains ne se découvraient plus pour le saluer quand il arrivait sur la dunette. Il avait fini par exploser de colère et traiter ouvertement du Cheyron de « jean-foutre », mais il savait bien que c'était lui que la réalité accablait.

La dernière nuit, il avait fait mouiller dans l'anse Berthaume, avant d'embouquer le chenal de Brest. Il était resté jusqu'au jour à sa place favorite, la galerie arrière, tantôt l'arpentant rageusement, tantôt appuyé à la balustrade, regardant la brume s'élever délicatement des eaux, écoutant les vaguelettes mourir sur le rivage.

Qu'est-ce qui était allé de travers ? A quel moment le destin s'était-il fait hostile ? Il rêvait de tout effacer, de tout recommencer, de rejouer la pièce pour en écrire un autre dénouement. Il aurait suffi de changer les acteurs, de remplacer ces petits coqs arrogants par des officiers loyaux et respectueux. Il aurait fallu garder Poivre et Desroches à Port-Louis, pour lui venir en aide et lui fournir bateaux et vivres frais.

Pour comble Louis XV était mort, quatre mois avant son retour. Il avait perdu tous ses appuis à la cour. Sartine, le nouveau ministre de la Marine, était aussi moraliste que son maître Louis XVI. On le savait très hostile aux aventures maritimes qu'il disait vicieuses et propices à l'anarchie. Ceux qui couraient le monde finissaient par revenir avec de mauvaises pensées, professant que les sauvages étaient bons et que c'est la société qui corrompait l'homme. Ces aventuriers se laissaient aller à parler de mondes simples et fraternels où, prétendaient-ils, chacun vivait dans un esprit d'absolue liberté. Tout ceci n'était que fainéantise et esprit de débauche. Les voyages quand ils n'étaient pas strictement circonscrits à la guerre ou au commerce étaient plus dangereux qu'utiles au royaume.

A la nuit tombée, une chaloupe s'était détachée de la muraille. De son poste d'observation, Kerguelen avait vu le petit visage encore tourné vers lui, comme une tache claire, sous l'ample manteau de voyage. Louise retournait à son destin, il essaierait d'en alléger le poids, mais maintenant, chacun ne devait penser qu'à lui-même. Il veillerait juste à faire parvenir de l'argent au couvent qui allait l'accueillir et à ne jamais la nommer. L'opprobre qu'il devinait qu'il allait subir ne se retournerait pas contre elle. Personne ne saurait jamais à qui appartenaient ces yeux de femme qui, les premiers, avaient vu cette terre maudite. Il espérait pour elle un petit mariage, la maternité et l'oubli.

C'était la dernière promesse qu'il lui avait faite et celle-là, il la tiendrait, en souvenir de l'amour et de l'espoir qu'elle avait suscités. Il devina, au bruit, que la barque avait atterri sur la plage et qu'une charrette s'avançait. Elle lui était déjà devenue étrangère.

L'ordonnance frappa pour lui amener son dîner et le tira de ses souvenirs lugubres. Il passa son justaucorps d'uniforme en caressant, une fois encore, la croix de Saint-Louis et s'attabla devant les viandes froides et les pois au beurre. Il attrapa deux bouchées et repoussa l'assiette d'un geste lent. Lui qui avait toujours eu bon appétit se sentait maintenant si souvent écœuré. Il aurait aimé mettre cela sur le compte d'un début de scorbut, mais savait que le mal était plus profond. Il était simplement dégoûté de tout, de ces îles maudites, de ce voyage inepte, de ses anciens compagnons, furieux de ce procès qui allait commencer, fatigué de lui-même et de la vie.

Quand il avait lu l'acte d'accusation il avait sérieusement pensé au suicide. La seule chose qui l'avait retenu était l'idée du plaisir que cela aurait fait à ses ennemis. C'est la haine, finalement, qui lui permettait de tenir. Il s'était mordu les mains jusqu'au sang en lisant le rapport de la commission préalable. Il lui venait des nausées simplement à y repenser. Du Cheyron était habile, il avait fait en sorte que les griefs ratissent large. Pêle-mêle, la présence de Louison, la négligence à chercher l'île de Nagtegat et à débarquer aux Îles Australes, son attitude jugée suspecte lors de la tempête après Le Cap, sa tendance à vendre pour son compte la pacotille, la maison au Cap, l'escale à Madagascar, son caractère inutilement autoritaire... La toile se tissait contre lui, une accusation justifiait l'autre, pour finalement brosser le portrait d'un capitaine peureux, irascible, incompétent, égoïste et oublieux du service. Ce n'était pas seulement qu'on lui reprochait une erreur ou un échec, mais on s'en prenait à sa personnalité même, à la manière dont il avait conduit l'expédition tout entière, dont il commandait, dont il naviguait. Qu'il ait à justifier l'échec du voyage ne le troublait pas. C'était le sort des commandants vaincus que de rendre des comptes, mais que ce soit cet inepte du Cheyron, sans grade ni expérience, qui soit à l'origine du scandale le tourmentait. Le même du Cheyron qu'on avait à peine accusé de quelques manquements à la discipline et qui courait encore libre les salons, pour les gagner à sa cause.

Il repensa à la discussion avec Rosnevet, le jour de Noël. Oui, quelque chose était à l'œuvre dans le royaume. Il s'en était rendu compte en rentrant, peut-être plus sensible aux changements, après une longue absence, que ceux qui les vivaient au jour le jour à terre. Etait-ce depuis la guerre, qui avait laissé le pays exsangue ? Est-ce que cela datait de plus loin ? Il lui semblait que, maintenant, on récriminait pour un rien, on se croyait des droits, on critiquait l'autorité. N'avait-il pas entendu dire que Louis XV avait dû être enterré en catimini, tant on craignait une manifestation hostile du peuple affamé ? Louis XVI ne pouvait-il pas remettre bon ordre à tout cela ?

Il se sentit à nouveau victime d'un complot. Là-bas la nature s'était révélée inexplicablement hostile, ici c'étaient les hommes qui le harcelaient et cherchaient sa perte.

Il se força à rester assis, pour ne pas se heurter aux murs de sa chambre-prison. Le soir teintait de mauve le fond de la rade, un nouveau grain s'approchait. Il aimait tant cet endroit, cette baie vivante où les ombres des nuages se poursuivaient sans relâche, ces collines tour à tour éclatantes ou assombries, leur vert tonique et dru. Il aimait ces eaux sans cesse travaillées par les voltes du courant, leurs couleurs qui passaient de l'opale au gris sombre, de l'émeraude au jade, comme un commentaire des tempêtes et des embellies. Il ouvrit la petite fenêtre pour pouvoir entendre le clapotis mat de la pluie qui frappe l'eau salée. Il devinait sans les voir les cercles créés par chaque goutte, qui s'expansaient et se chevauchaient pour finir par blanchir la surface d'un tapis de bulles minuscules. Il écouta le vent miauler dans les agrès, une petite plainte douce, il ne devait pas être très fort, à peine quelques bouffées désordonnées précédant l'averse. Il eut conscience qu'il manquait le craquement du bois, des espars qui se mettent en tension sous la poussée des voiles. D'ordinaire, il aurait ressenti, au moment où la rafale touchait le bateau, une énergie, une vie parcourant la coque, faisant frissonner chaque planche. Il aurait voulu entendre les galopades de pieds nus courant saluer le grain. Le silence se fit insupportable. Le navire amiral réagit à peine, comme un corps-mort, il vira lourdement sur son ancre pour adopter l'axe du vent. On percevait juste le grincement de la chaîne dans l'écubier, et Kerguelen songea qu'il avait trouvé son frère de détention en ce voilier désaffecté qui ne connaîtrait jamais plus, comme lui peut-être, le basculement de l'horizon sous la gîte. Il faisait noir maintenant, il s'aperçut qu'il pleurait.

Le procès fut une mauvaise farce. Kerguelen, acculé, avait décidé de se défendre pied à pied, de justifier chaque ordre et chaque décision, sans se laisser démonter par l'ironie inquisitrice de ses pairs, trop heureux de pointer les errements d'un autre. Personne n'avait oublié sa promotion éclair. Avec Sartine pour ministre, la mode était à la rigueur pointilleuse et à un sens moral étroit. C'est dire si, quand on abordait la question de Louison, il avait l'impression de voir en ses juges une assemblée de matous minaudant devant une soucoupe de lait. C'était de loin le plus important grief, comme l'avait prédit Rosnevet. Beaucoup de commandants entretenaient des liaisons à terre. Certains, et même parmi ses accusateurs, avaient pu faire monter discrètement une femme pour quelques nuits aux escales. Mais rien de plus. Embarquer une passagère clandestine dans un voyage de découverte qui engageait la réputation de la France relevait quasiment de la trahison. Alors on interrogeait sans fin les témoins pour accumuler les pièces à charge. Où s'était placée une main et que voulait dire un regard ? Les pires bruits couraient même sur ses relations avec les dames Bertrand. Comme il l'avait promis, Kerguelen resta muet au sujet de Louison. Il ne révéla jamais sa véritable identité, où il l'avait connue, ni ce qu'elle était devenue. Il prenait ainsi un grand risque. En ne donnant aucun signe de remords ou de collaboration avec le tribunal, il confortait l'idée de sa culpabilité. La présence de « cette fille » devint le pivot de l'accusation. Elle avait, non seulement suscité l'excitation et la jalousie de jeunes officiers privés, eux, des douceurs du lit, mais plus encore, elle avait affaibli l'autorité d'un chef perpétuellement pris en faute. C'est à ce défaut de commandement que le tribunal attribuait l'attitude cassante, agressive, voire despotique que du Cheyron et consorts décrivaient à loisir. Comment faire régner l'ordre et la loi quand on la bafoue soi-même ? Kerguelen comprit qu'il paierait cher pour cet égarement qui lui avait fait prendre l'amour pour un talisman. Mais il tenait à entraîner au moins du Cheyron dans sa chute, en faisant reconnaître son insubordination. Passé les discours de principe, chacun cherchait à argumenter, invoquant des détails de plus en plus dérisoires. Tout manquement véniel était rapporté avec force précisions : comment du Cheyron s'était fait passer ses habits de nuit, au vu et au su de tous, sur le banc de quart, offensant la pudeur ; comment Kerguelen gardait son bonnet de nuit une partie de la matinée ; comment du Cheyron aurait incité le patron du canot, Graal, à débarquer dans un endroit impossible au Cap pour mouiller sciemment les robes des dames ; comment Kerguelen avait fait donner cinquante coups de fouet à un mousse dont la seule faute était d'avoir ramené à bord un caméléon que du Cheyron voulait étudier à Madagascar... Les juges ne se cachaient plus de somnoler sous leur perruque devant ce déballage puéril.

Mais au-delà de cette guerre de positions, Kerguelen était touché au vif par d'autres accusations. Il n'avait pas rempli sa mission. Seul le canot de sa conserve avait débarqué à la sauvette, quelques heures. Où étaient les résultats scientifiques ? La confirmation du potentiel extraordinaire de la France Australe ? Pourquoi n'avait-on pas laissé des colons, comme prévu ? Il aurait dû vérifier l'existence de l'île de Nagtegat, au sud des Mascareignes. Il avait négligé cet ordre sans raisons. D'où lui était venue cette idée de faire relâche à Madagascar, dont on connaissait le climat délétère ? Pourquoi n'avoir pas honoré l'instruction de poursuivre vers le Horn ? On aurait au moins eu un résultat concernant les antipodes.

La mission la plus en vue de la décennie, celle pour laquelle la Marine, déjà affaiblie, s'était saignée aux quatre veines, ne ramenait rien, absolument rien, qu'une maigre carte et des descriptions de tempêtes apocalyptiques. Ce voyage qui devait concurrencer les exploits de Cook et redonner des terres coloniales à la France s'était perdu dans les querelles, le ridicule et le scandale, alors même que les nouvelles de l'Anglais, parti avec deux vieux navires baleiniers, faisaient état d'une campagne impressionnante. Des récits circulaient, en provenance de son escale de Nouvelle-Zélande. Après avoir vérifié que l'île de Bouvet, dans l'Atlantique sud n'existait pas [1], il avait atteint la latitude fantastique de 67° 15' Sud, une première mondiale. Au milieu des tempêtes et des rafales de neige, il avait poursuivi dans l'est jusqu'en Nouvelle-Zélande, prouvant ainsi définitivement l'absence d'un continent austral. La déroute française était complète et elle avait un nom : Kerguelen. Il allait payer pour l'affront collectif.

N'avait-il pas exagéré ses avaries de gréement et le nombre de ses malades ? Les vivres étaient-ils si pourris ? N'aurait-il pas dû forcer pour aller à terre ? Pourquoi prendre si souvent la bordée du large ? Pourquoi, lors de la tempête du Cap, n'était-

1. Cette île, aujourd'hui, Bouvetoya, annexée par la Norvège, ne fut retrouvée qu'en 1825 à cause des graves erreurs de positionnement faites par Bouvet.

il pas apparu immédiatement sur le pont ? On disait qu'il avait bu ?

Jour après jour, il dut se justifier, perdant peu à peu l'espoir. Comment expliquer à ces hommes repus, les pieds sur leur chaufferette, ce qu'était la torture de l'onglée et des engelures quand il faut continuellement manœuvrer sous la neige ? Comment décrire ce pays de l'ombre à nul autre pareil ? Ces officiers, qui étaient ses pairs, ne jugeaient que par comparaison avec leurs propres navigations, qui n'avaient pas dépassé l'Ecosse ou les Indes. Ils ne pouvaient pas comprendre que là-bas, dans ce bout du monde, on vivait dans les déferlantes et les hurlements du vent, au milieu des eaux grises et du ciel perpétuellement sombre. Il savait que son véritable tort était d'avoir fait rêver, espérer un monde de richesses et de facilités et qu'il n'est pire juge qu'un rêveur déçu. Celui qui s'en remet aux projets d'un autre met un peu de lui-même dans la balance. Bouvet avait autrefois payé de trente ans de disgrâce l'annonce qu'il n'avait trouvé que glaces et brumes, dans le Grand Sud. Pour Kerguelen, la faute était aggravée par le succès de l'ennemi anglais.

Il était 10 heures, ce 15 mai. Le soleil entrait à flots par les fenêtres de la Chambre du Conseil qui servait de salle d'audience. Dehors la rade resplendissait, les canots couraient la bordée avec la joyeuse fébrilité d'un jour de beau temps. Deux frégates et un 64 canons étaient halés par leurs chaloupes et l'on entendait les trilles des sifflets. Dans la salle, au contraire, le silence régnait hormis la voix monocorde du greffier Siviniant, qui se gardait bien de reprendre son souffle pour ne pas avoir à lever la tête vers Kerguelen. Comme d'habitude, juges et accusé avaient revêtu leurs grands uniformes, la lumière jouait sur les dorures des habits et des décorations, comme elle l'avait fait une certaine après-midi d'été, à la cour de Louis XV, au château de Compiègne. Personne ne regardait personne. Les douze juges, d'une fixité religieuse, semblaient passionnés qui par un coupe-papier, qui par une plume, qui par ses mains manucurées. Devant eux, Kerguelen, debout, tournait son regard vers l'ouvert des fenêtres. Une fois de plus son nez décalé, sur son visage amaigri, donnait l'impression qu'il n'écoutait absolument pas ce qui se disait, mais se concentrait pour deviner une manœuvre en rade. Pourtant chaque mot de Siviniant était une douleur, une liqueur glacée qui lui emplissait les poumons et allait bientôt l'asphyxier.

Il était coupable de tout :

D'avoir embarqué illicitement Louison et d'avoir vécu scandaleusement avec elle et les autres passagères...

D'avoir pacotillé pour son compte...

D'avoir découché du vaisseau aux escales...

De n'avoir pas fait la police à son bord...

D'avoir injurié publiquement un officier...

De n'avoir pas commandé la manœuvre lors du dématement du Cap...

De n'avoir pas pris connaissance de Nagtegat...

De n'avoir pas débarqué aux Terres Australes...

De n'avoir pas poursuivi vers le cap Horn...

Et de tant d'autres choses encore, à tel point que l'on pouvait se demander comment un officier aussi incompétent et désobéissant avait pu se retrouver à la tête d'une telle expédition.

Avant d'arriver à la condamnation, tous se levèrent. On parlait au nom du Roi.

Kerguelen, comme lors de son entrevue avec Louis XV, entendit le verdict sans pouvoir jamais se rappeler exactement la totalité des paroles. Cette fois-ci c'est parce qu'elles étaient trop blessantes. Ce dont il se souvenait était toutefois suffisant pour lui faire venir le cœur au bord des lèvres : ... cassé, rayé du Corps, ... incapable de servir le Roi, ... vingt ans de forteresse... excuses au sieur Ducheyron...

Cette dernière partie de la sentence était la plus ignoble, mais elle ne l'atteignait pas plus que le reste. Il était si loin au fond du puits du malheur. Tout ce qui avait fait sa vie lui était retiré. Il n'entendrait plus jamais tinter la cloche de quart, ni grincer les réas. Il ne sentirait plus le pont vibrer sous une houle heureuse. Il ne respirerait plus ce mélange de bois, de goudron et de coton humide. Il ne verrait plus, en débouchant sur la dunette, ces reflets éblouissants d'embruns. Cela lui paraissait irréel, comme à un oiseau à qui on aurait interdit le ciel. Il convoquait toutes les sensations qui avaient, jusqu'à présent, tissé sa vie et ne pouvait croire à leur perte. Dans les jours qui suivirent, attendant son transfert à la forteresse de Saumur, il vécut prostré, victime d'un étrange dédoublement de la personnalité. Une partie de lui-même souffrait le martyre, chaque pensée était une brûlure, un déchirement. Un autre lui-même mangeait, dormait, écrivait des suppliques et se surprenait à vivre, vivre malgré tout.

La seule personne dont il accepta la visite, hormis sa femme, fut Mannevillette. Celui-ci avait largement témoigné en sa faveur. Il avait fait valoir que l'Académie elle-même avait récemment conclu que, sans doute à cause du manque de terres émergées, le climat à une latitude donnée de l'hémisphère Sud était considérablement plus froid et tempétueux qu'au nord. Kerguelen avait eu le mérite de le prouver et à une navigation impossible nul ne pouvait être tenu. Il oubliait Cook.

Le gros homme avait vieilli. Ses bajoues étaient encore descendues d'un cran, s'étalant comme une collerette sur son habit qu'il semblait ne pas avoir quitté depuis l'entretien qu'ils avaient eu ensemble, à Lorient, quatre ans auparavant. Ses yeux rougis devenaient chassieux et ne lui permettraient bientôt plus de lire ses chères cartes. Sa voix était rauque, comme s'il retenait ses sanglots.

— Mon ami, mon cher ami, tout ceci est affreux !

Les mots étaient pauvres, convenus et malhabiles, mais son visage décomposé disait la sincérité. Il s'effondra dans le fauteuil de la petite chambre, en secouant la tête, comme si c'était lui qui avait été condamné. Kerguelen ne voulait pas de la pitié, même authentique, de son compagnon.

— Allez ! Je garde espoir. Une grâce du Roi est arrivée il y a deux jours. Je l'attendais, mais elle est plus complète que je ne l'espérais. Il n'y a plus que six ans de forteresse, au lieu de vingt !

Il parlait vite, les mots lui brûlaient encore la langue.

— Le ministre m'a promis que ma femme toucherait 2 400 livres de rente, pendant ce temps.

Mannevillette écoutait à peine, il poursuivait son raisonnement :

— Comment ont-ils pu ? Ce sont vos pairs qui vous condamnent ainsi ! Ils savent bien ce que c'est de naviguer, le mauvais temps, ces parages désespérants, la maladie, les vivres qui manquent...

Kerguelen s'était assis en vis-à-vis, sur le caisson à côté de l'alcôve. Il se passa lentement les mains sur le visage, comme pour chasser une vision. Il cria subitement :

— Ils savent ? Non ! Ils ne savent rien ! Comment pourraient-ils savoir ?

Tout à coup, il sortait de son apathie. Ce qu'il n'avait jamais pu dire au procès, ses explications embrouillées, les silences qu'il avait gardés quand il ne trouvait pas les mots, tout cela se bousculait maintenant dans sa tête. Mannevillette qui avait été surpris par sa sortie véhémente attendait, regardant son ami qui, le poing serré contre la bouche, faisait des efforts intenses pour mettre en ordre sa pensée. On n'entendait que le pas de la sentinelle dans la coursive.

— Comment pourraient-ils savoir...

Le géographe répétait les derniers mots de Kerguelen pour encourager sa parole. Celui-ci parut sortir d'un songe, sa voix était lente et grave :

— Mon ami, vous souvenez-vous de notre rencontre près de Lorient. Nous rêvions de terres inconnues, de richesses et même de peuples étrangers, de nouveautés cartographiques. Nous raisonnions comme s'il ne suffisait que de tracer quelques repères de plus sur la carte, pour que ces mondes nous appartiennent. Nous évoquions les échecs de Bouvet et les succès de Bougainville avec légèreté, imaginant qu'il nous suffirait d'aller là-bas pour faire mieux. Mais nous n'avions rien compris !

Sa voix devenait véhémente, elle portait comme une masse dans le silence du navire.

— Nous avons fait une erreur fondamentale : croire que tout se valait. Nous pensions que, pour découvrir de nouveaux espaces, on pouvait se contenter de reculer lieue après lieue les limites d'un territoire connu, comme un serpent ingère sa proie pouce par pouce. Nous avons raisonné en pensant qu'il existait une forme de continuité de par le monde et que notre expérience de marins, ici, nous suffirait pour triompher, là-bas. Nous avons tout simplement manqué d'imagination ! Nous n'avons pas envisagé qu'il puisse y avoir d'autres mondes !

Mannevillette fronçait les sourcils pour suivre la pensée de son ami.

— D'autres mondes ? que voulez-vous dire ? Dieu sait si, depuis Christophe Colomb, nous en avons découvert, parfois peuplés d'une vie étrange et rébarbative, mais aucun qui ne réponde aux lois universelles. Nous les avons atteints grâce à notre science et notre expérience de la navigation. De ce point de vue, une mer en vaut une autre...

Kerguelen lui coupa la parole :

— Non ! Comment vous expliquer ? Vous êtes aussi un savant, pensez à l'eau que l'on refroidit. Tout à coup, à une certaine température, la voilà qui prend en glace. Elle devient si totalement différente à son état précédent, amalgamée, dure, cassante. Elle n'a plus rien à voir avec ce qu'elle était quelques minutes auparavant et pourtant c'est la même. Les mers australes et les lois qui les gouvernent sont ainsi, totalement autres, incompréhensibles, étrangères à nos façons de naviguer.

Mannevillette opina :

— Nous avons beaucoup discuté de cette question du froid récemment. A latitude égale, on constate 10° de moins dans l'hémisphère austral, mais, c'est curieux, uniquement aux hautes latitudes...

Le vieux capitaine s'était un peu tassé dans le

fauteuil et s'apprêtait à discourir sur les règles de la physique. Mais à nouveau, Kerguelen l'interrompit brutalement en se levant. Il se mit à arpenter la minuscule chambre.

— Non, encore non ! Je vais vous l'avouer, ces mers m'ont impressionné bien au-delà de ce que j'aurais jamais imaginé. Savez-vous que j'y faisais un songe récurrent qui m'apparaît aujourd'hui comme prémonitoire. Je rêvais que je me perdais dans les bois mêmes de Trémarec, qui est le lieu que je connais le mieux au monde. Là-bas, dans cet océan de ténèbres, j'ai eu ce sentiment de ne plus connaître la mer, de ne plus la comprendre, d'y être un intrus. Moquez-vous si vous voulez, mais il me semblait qu'une force obscure était à l'œuvre. J'en ai parlé à Rosnevet, mais il n'a pas compris. Il n'était pas chef d'escadre, pas en responsabilité, il ne faisait qu'attendre des ordres.

Cette fois-ci, le géographe sembla se réveiller, et scruta le visage de son interlocuteur. Il lissa le pan élimé de son habit vert et sous sa lourde paupière ses yeux se mirent à briller.

— Quelles lois sont donc si différentes, qu'avez-vous vu, qu'avez-vous découvert ? De quelle force nouvelle parlez-vous ?

— Je ne saurais le dire exactement. Voyez-vous, si l'on prend chaque élément séparément, il n'y a rien que nous ne connaissions. La houle est haute et permanente, souvent déferlante, mais c'est de la houle. Les coups de vent et tempêtes ont une fréquence d'un jour sur trois environ, comme un mauvais hiver ici. Tout au plus, leur passage est rapide et ne laisse pas aux flots le temps de s'apaiser. Le nord-ouest s'est à peine calmé qu'un sud-ouest glacial se lève sur une mer encore toute chamboulée. Le froid n'arrange rien, fréquemment nous ne pouvions plus manœuvrer tant les cordages avaient gonflé et coinçaient dans les poulies. Les hommes s'évanouissaient dans les vergues. Des glaces sournoises peuvent vous guetter à tout moment. Le ciel presque toujours sombre, le soleil trop pâle, l'océan d'un gris verdâtre, tout cela n'a rien d'encourageant, comme ces foutus oiseaux qui ne semblent que guetter leurs proies. Quant aux terres elles-mêmes, loin de rassurer, ce ne sont que falaises sinistres, mauvaises baies parcourues de courants traîtres, neiges et marécages. Mais en vous disant tout cela, je ne vous explique rien, car chacune de ces choses peut se voir entre ici et l'Islande, où j'ai déjà navigué. Alors est-ce leur conjonction ? Est-ce leur permanence, qui finit par affoler ? Est-ce le sentiment qu'en pareil isolement, la mort est assurée pour la moindre peccadille, qu'il n'y a aucun secours à attendre ?

Il s'était arrêté, le visage appuyé au carreau, regardant la rade sans la voir, tout son être tourné vers ces cinquantièmes dont le mystère l'avait fait trébucher.

La sentinelle frappa à la porte pour signaler que le temps de l'entretien était terminé. Kerguelen fouilla dans son gousset et lui donna 10 sols, pour prix de sa compréhension. Il cherchait à relier les idées entre elles, à faire surgir quelque vérité expliquant cet échec implacable. Il espérait dans la clairvoyance de son ami, mais Mannevillette n'avait pas bougé, maintenant les mains jointes, il écoutait.

— Oh, je sais ! Tout cela doit vous paraître confus, vous l'attribuez à ce procès, vous me pensez tourmenté. Mais je vous assure que je sens quelque chose à l'œuvre, là-bas, qui affaiblit la volonté, qui accable. Nous avons la plus belle flotte du monde, nos architectes et nos constructeurs surpassent les Anglais et pourtant, dans ces mers australes, le bateau paraît un jouet ridicule qui peut plier et casser à tout moment. En fait, on n'a plus confiance en rien, ni dans le navire, ni dans les hommes, ni dans les officiers. D'ordinaire, naviguer révèle l'art d'une nation, son intelligence et sa force qui lui permettent de connaître et soumettre la nature dans toutes les parties du monde. Vous connaissez, vous avez goûté, vous aussi, à la merveilleuse puissance d'un bateau lancé contre les vagues, toutes voiles dehors, cette fierté de se sentir conquérants.

Il s'était exalté mais baissa subitement le ton.

— Là-bas, tout ceci semble un ridicule orgueil, perpétuellement battu en brèche. Dans ces mers nous ne sommes rien. Nous nous y sentons faibles comme des nouveau-nés, soumis à une nature qui nous fait plier le genou. Alors on doute et on se sent ravalé au rang d'une mouche qui se trouverait là par hasard et se laisserait emporter par le destin.

Il s'était tu et rassis sur le caisson. Il ne savait pas trouver les mots pour en dire plus. A nouveau, seuls les pas de la sentinelle troublèrent le silence.

— Je vous entends, mais je ne vous comprends pas, Kerguelen, sans doute parce que je ne suis pas moi-même allé là-bas. Je ne puis souscrire à l'idée d'une force maléfique. Peut-être un jour les lumières de la raison nous feront connaître quelques propriétés de ces mers, qui seraient débilitantes.

Il s'arrêta pour sourire :

— En attendant, je voudrais revenir sur une chose. J'ai beaucoup navigué. Sans doute pas sur un aussi beau navire que votre *Roland*, et je connais ce sentiment de puissance que vous décrivez. Pourtant, je le crois illusoire. Même sous la caresse d'un zéphyr, nous ne sommes pas grand-chose et à tout moment les éléments peuvent nous soumettre. Je crois que l'homme tient sa grandeur d'une forme de compréhension et de collaboration à la nature plus que dans son asservissement. N'avez-vous pas souvent eu, en mer, la pensée que vous n'étiez que partie prenante d'un grand Tout, un élément d'une harmonie dans laquelle vous n'étiez pas pour grand-chose. Nos prêtres nous enseignent que Dieu a fait l'homme pour régner sur toutes choses. Si cela est vrai, alors ce doit être le règne de l'intelligence car le despotisme détruirait cet équilibre naturel et nous conduirait à l'échec. Nulle part nous ne sommes les plus forts, tout au plus en avons-nous l'illusion. C'est la leçon que je pense avoir tirée de mes navigations et c'est pourquoi je me consacre maintenant, modestement, à la connaissance et à la cartographie.

Kerguelen soupira. Il voyait bien qu'il n'arrivait pas à exprimer ce qui l'avait envahi dans les mers australes. Lors de son premier retour, il avait carrément effacé de son esprit ces pensées qui lui apparaissaient comme une faiblesse passagère. Maintenant il était sûr de cette chose indicible, mais était condamné à la garder pour lui. C'était là, sans doute, son véritable châtiment.

— Vous avez peut-être raison. Tout ceci n'est qu'une vue de mon esprit puisqu'un autre y est allé, lui, et avec de bien mauvais bateaux. Mais Monsieur Cook est un héros, un homme hors du commun, que n'atteignent pas les angoisses ordinaires.

— Ne soyez pas amer, mon ami, Cook est probablement un héros mais, sans vous critiquer, son idée de ces solides navires charbonniers n'était pas stupide. Elle lui a sans doute permis de se tirer souvent de mauvais pas. J'y vois de l'astuce et aussi une certaine forme d'humilité qui a trouvé sa récompense. Enfin, savez-vous ce qu'il a écrit dans son journal, dont le duc de Croÿ m'a procuré une copie : « La grande abondance de glaces me fait penser que très loin dans le Sud il y a quelques terres où elles se forment mais, au vu du froid intense et du mauvais temps, jamais, sans doute, aucun homme n'y mettra pied et ne pourra y vivre. »

Kerguelen eut un rire amer.

— Nous nous sommes donc affrontés pour des chimères ! Quelques arpents de glace ! La belle affaire, qui me conduit en forteresse !

— Détrompez-vous, votre œuvre sera utile, vous, et Cook bien sûr, avez élucidé en moins de trois ans une énigme géographique de grande ampleur. L'histoire s'en souviendra. Et qui sait, je ne suis pas tout à fait d'accord avec Monsieur Cook. Même lointaines, glacées et dangereuses, je ne serais pas surpris qu'un jour la race humaine ne se lance à l'assaut de ces terres inconnues. Elle est si friande de connaissances, ça ne la rend pas toujours sage !

Ils firent silence. Tout était dit. Mannevillette prit bientôt congé après quelques formules lénifiantes. Ils se promirent de s'écrire. Kerguelen restait seul, la nuit était tombée. On ne distinguait qu'un petit halo de lumière qui signalait la ville et le brouillard montait.

Une semaine plus tard, somnolant entre les deux gardes, dans la calèche qui l'emmenait à la forteresse de Saumur, il fit un nouveau rêve qui devint à son tour récurrent. Cette fois-ci il n'était pas angoissant, mais nostalgique et doux, comme le souvenir d'un amour éphémère :

Il voyait l'île depuis le pont de son bateau. Un grain de neige venait de passer. C'était la fin de l'automne, il ne restait que des retardataires sur les plages, de vieux mâles éléphants de mer couturés de cicatrices qui traquaient les derniers rayons, quelques jeunes otaries nées trop tard qui seraient bientôt la proie des skuas, un groupe de manchots royaux absorbés dans leurs rêves, la tête gracieusement repliée, leur tache de plumes orange éclatant comme un joyau. Le vent vrombissait le long de la falaise, déposant un fin ourlet blanc sur les strates sombres et faisant gicler l'eau d'une cascade. Derrière le nuage, il y avait une trouée d'un bleu pur. Les rayons du soleil fortement obliques y pénétreraient comme par une fenêtre ouverte. La mer, en dessous, prenait une couleur vert-jaune, de lait anisé, strié des mille rides des vagues. Cette tache colorée avançait rapidement avec le mouvement des nuages, on aurait dit qu'elle se sentait poursuivie par les masses grises, lourdes de pluie, qui venaient déjà. La position de l'astre et de la trouée était telle qu'en abordant le rivage, les rayons traversaient de part en part l'arche monumentale qui fermait la baie de l'Oiseau. On aurait dit une porte subitement ouverte sur un paradis de lumière. Le faisceau d'un jaune très pâle atteignait la roche derrière, faisait scintiller chaque gouttelette d'eau et de glace. Il y avait quelques instants d'éternité éblouissante, puis la pluie tirait son rideau gris et la lumière partait courir sur l'acæna[1] et les touffes rondes d'azorelle.

Voilà, c'était tout. La vision était très précise et rituellement la même mais il ne se produisait rien, rien d'autre que le passage du nuage. Il n'arrivait pas à savoir si, à un moment ou à un autre de ce rêve, il allait à terre. Mais la familiarité qu'il se sentait avec des lieux qu'il connaissait pourtant si mal lui faisait penser que oui.

Il purgea une peine réduite à trois ans et, durant tout ce temps, le songe revint plusieurs fois par mois. Il finit par penser que cela signifiait que l'endroit lui avait « pardonné » et le soutenait dans son épreuve. Rendu à la liberté il rêva moins, trop absorbé peut-être par sa vaine bataille en réhabilitation. Il se montrait peu dans le monde, tenta de monter pour son propre compte quelques projets de navigation qui avortèrent et s'enferma à Trémarec.

Puis survint la tourmente révolutionnaire, la prison de la Convention, ses efforts désespérés pour être considéré comme un martyr de l'Ancien Régime. Il sauva sa tête de peu, mais à quoi bon ! Il y avait maintenant tant de morts autour de lui,

1. L'acæna et l'azorelle sont les plantes les plus courantes a Kerguelen.

sa femme, ses deux fils, un de ses gendres. Même la Marine, où il fut brièvement réintégré, le laissa insatisfait. Le commandement des navires était devenu impossible. On n'obéissait plus, la rancune entre officiers bleus qui avaient eu accès à l'état-major grâce à la Révolution et anciens officiers rouges rescapés de la Terreur entretenait un climat de méfiance et d'orgueil mal placé.

Le songe l'avait fui définitivement. Il s'obstina dans ses griefs, bombardant les cabinets successifs de mémoires techniques, de suppliques et de conseils. Il rageait qu'à cause de ce malheureux caillou que tout le monde avait oublié, il n'ait jamais eu la vie, le rang et l'attention qu'il savait mériter. Les années passaient.

Enfin, à l'aube d'un jour de printemps, il sentit la poigne de la maladie lui broyer la poitrine et l'ultime étouffement approcher. Il convoqua lui-même la vision, comme un dernier regret. Il mourait et pensa que cette terre qui avait détruit sa vie survivait, elle, intacte. Suivant la prédiction de Mannevillette, il envisagea que d'autres puissent l'atteindre, s'y installer, et ne put trancher si cela le flattait ou l'insupportait. Cook, avec un zeste de perfidie, avait déclaré, après avoir débarqué dans la baie de l'Oiseau, au cours d'un troisième voyage : « J'aurais bien appelé cette terre "îles de la Désolation" si je ne voulais pas enlever à Monsieur de Kerguelen l'honneur de lui donner son nom. » Ainsi en était-il et il remâchait le paradoxe d'avoir sous son patronyme l'île qui avait causé sa perte. Il ferma les yeux et ne vit plus que l'arche qui étincelait dans un soleil froid.

Postface

Noir.

Une obscurité totale, absolue, enveloppe le bateau.

Le monde est noir et vide, comme à l'origine, comme avant l'origine. D'ordinaire, un coin de lune ou quelques étoiles aux lumières froides accrochent, au moins, des reflets sur les crêtes des vagues et jettent une pâleur sur le pont. Cette nuit est comme absente, inexistante, tant les nuages ont roulé en couches épaisses pour absorber la moindre particule lumineuse. Et puis, sur bâbord, il y a cette terre, qui, elle non plus, ne veut pas se dire.

Je suis assise dans le cockpit. Je scrute, à la recherche d'une nuance dans cette obscurité qui me dirait que la côte est proche. Un noir plus dense, peut-être, au-dessus de ce qui devrait être l'horizon. Car elle est là ! Je le sais, à moins de cinq milles, la carte et le GPS me le confirment à tout moment. Vers 1 heure, ce matin, j'ai engagé le bateau entre la roche Mengam et le cap Bourbon, maintenant, nous devons être au large de la baie de la Mouche.

De nuit, normalement, ce sont les nuages qui trahissent la côte, reflétant les lumières de la ville. New York crache sa lueur à des dizaines de milles à la ronde, mais le moindre village, lui aussi, pâlit vaillamment son coin de ciel. Au moins, il y a un phare, il y a une balise, il y a la lumière d'une maison isolée, le pinceau d'une voiture qui disparaît derrière une supposée colline.

Cette nuit : rien.

Le vent ne me laisse même pas le loisir de flairer la terre, son odeur jamais oubliée de mottes et d'herbes. Cette nuit il souffle de l'ouest et, comme moi, longe l'île. Comme moi, il n'a connu que l'iode et le sel depuis des milles. Dommage ! J'aurais aimé qu'il me parle de ce qui m'attend, comme il sait parfois le faire, racontant les fleurs, la cheminée de l'usine, le marigot, la forêt d'eucalyptus ou le port de pêche.

J'écoute la nuit, je voudrais y reconnaître le bruit du ressac, ce grondement métronomique qui annonce un haut-fond, une plage ou une falaise. Peine perdue. La mer ce soir est douce et la houle endormie. Seul le chuchotis de l'eau contre la coque m'emplit la tête comme, le bruit de ses pas, un marcheur du désert.

Tous mes sens, donc, s'accordent à me tromper en m'assurant qu'aucune terre, ici, n'existe. La carte, elle, s'obstine à me jurer qu'elle fait 60 km de long, jusqu'à 3 000 m de haut et que j'en suis à portée de fusil !

Mais après tout, c'est possible ! Tout est possible, ici, dans ce pays de l'ombre, dans ce Grand Sud, où les quarantièmes rugissent et les cinquantièmes hurlent. Ici le vent et la houle détricotent les plus confortables des certitudes. A trop fréquenter ces latitudes, on commence à se méfier des repères établis. On devient prudent, pour avoir trop souvent été étonné. On tente simplement, mille après mille, de comprendre les nouvelles règles du jeu. Mon fier navire, tout bardé de technologie, n'est rien de plus qu'une écume sur la mer grise et je ne suis qu'une passante.

La nuit coule, s'écoule, toujours aussi noire. Ce noir me dérange. En pleine mer je l'aurais seulement attribué à un nuage plus épais. Ici, à moins de cinq milles de la côte, il a un goût de solitude, d'absence, d'abandon.

Voilà ! A force de m'aventurer sur les bords de la « mer océane », je suis tombée de l'autre côté, dans l'envers de la mer, dans ces limbes éternels où s'agitent monstres et dragons.

Depuis quinze jours, d'ailleurs, j'avais pu voir venir ce basculement dans l'irréel. Soudain, rien n'allait plus dans la belle navigation d'une précision de chronomètre, qui m'avait conduite là.

Le mécanisme s'était brutalement déréglé. Il avait suffi d'un claquement, un ignoble petit claquement suivi d'un grand silence, pour que le bel ordonnancement de ma course autour du monde bascule dans l'absurde.

Pourtant, j'étais en tête. Depuis le départ des Etats-Unis, je vivais ce rare et parfait accord avec le bateau. Ensemble nous avions joué la partition du ciel et du vent sans fausse note, jusqu'à la fin de la première étape en Afrique du Sud. Plus de cinq jours d'avance récompensaient trois années de préparation, de minutieuses mises au point et de cogitations angoissées pendant le long mois de cette première manche. Cinq jours ! Un monde !

A l'escale de Capetown, j'étais comme ivre, sonnée par cette victoire. L'heure du nouveau départ venant, j'étais retombée dans l'anxiété permanente qui accompagne un leader du classement. J'avais maintenant tout à perdre. Je retrouvais ce que j'avais ressenti tout au long des quarante jours de la première étape : jamais contente ; jamais assez d'écart avec mes poursuivants ; jamais d'option météo assez éclatante pour me mettre définitivement à l'abri ; toujours sur le qui-vive, une boule obscure sur la poitrine. La course au large est un jeu de patience éternellement recommencé. Elle a aussi un côté sport mécanique où, à tout instant, une paille peut anéantir des mois de travail.

2 décembre 1994, il est presque 8 heures du matin, cinq jours depuis le nouveau départ du Cap. Je viens d'entrer dans les cinquantièmes Sud. L'aube n'en finit plus d'étirer sa grisaille, le vent

mord et coupe. Je n'ai rien vu venir. J'observe la mer par le hublot, le thé peine à réchauffer mes doigts glacés par la manœuvre. Je suis contente de cette prise de ris bien anticipée sur les rafales qui se lèvent. Orgueil de celle qui croit savoir. Le claquement a retenti, sec, inattendu. Le bateau a perdu sa gîte et s'est mis à bouchonner comme un boxeur groggy. Le miaulement de l'air dans les haubans s'est tu.

Démâté.

Ici, par 52° Sud et 20° Est ! Ici, si loin, si seule. La paille dans une pièce de gréement a donc attendu son heure, développant son chancre paisiblement et ricanant de mes certitudes.

Pleurer de rage n'empêche pas de confectionner un gréement de fortune. Les deux jours qui suivent ne m'appartiennent pas. Je les décline dans l'urgence, sur le pont dans des rafistolages improbables, à la table à cartes pour m'organiser un avenir. Car l'essentiel peut être sauvé. L'essentiel c'est d'aller jusqu'au bout, de faire le tour du monde, puisque, tout simplement, je suis partie pour cela. Où aller dans ces latitudes, sur un bateau blessé, emporté par les vents d'ouest ? Où trouver refuge à l'abri des houles, pour bricoler quelque chose de mieux que le pauvre mâtereau de cinq mètres que j'ai réussi à ériger ? Où ai-je une chance de me faire envoyer suffisamment de matériel pour espérer continuer mon chemin en course ?

Le regard se perd sur la carte de l'océan Indien,

dans cette grande tache blanche qui s'étale de l'Afrique du Sud à l'Australie, à peine découpée par les lignes austères des parallèles et des méridiens. Là, pourtant, au milieu de ce vide, deux petits pâtés ont l'air de s'être échappés d'un vieux stylo à encre. Petits, si petits, que leur nom s'étale largement autour comme un habit trop grand. La parenthèse (Fr), dans les deux cas indiquée, signale que le bleu blanc rouge flotte, incongru, sur ces chips d'empire.

Crozet, Kerguelen.

Crozet est un archipel d'îlots arrondis, presque inabordables, aucun mouillage n'est abrité. Kerguelen a une cartographie plus sympathique. Sur une surface de la taille de la Corse, la côte aligne des baies et des fjords protecteurs. La base scientifique, dans le golfe du Morbihan, vous a, forcément, un air de famille. En cet été austral, elle abrite une centaine de scientifiques et fait espérer un minimum de logistique salvatrice. Va pour Kerguelen.

Deux longues semaines vont, alors, prendre leurs aises, parenthèse dans ma vie de coureur au large. Sous gréement de fortune, le sillage s'est endormi, marbrant à peine la mer d'une trace d'escargot hésitant. Je me suis réfugiée à la table à cartes, panser mes bleus à l'âme et la course perdue. Je ne veux rien savoir de mes compagnonsadversaires qui caracolent vers Sydney. J'apprends à vivre comme je suis, là où je suis, sur un bateau blessé, dans la solitude du pays de l'ombre. Le ciel sera gris pendant ces quinze jours. Il pleure de la neige fondue, qui tente de s'accumuler au creux des poulies. Le vent hésite entre le nord-ouest pluvieux et le sud-ouest glacé. Seuls les albatros et les pétrels s'amusent dans la grisaille. Il me reste quelques livres pour oublier cette sinistrose et accélérer le temps. Des livres que m'ont offerts ceux qui m'aiment, qu'ils ont choisis pour qu'ils m'accompagnent et me sourient dans ce périple. Ils n'ont jamais été aussi bienvenus.

Régulièrement, mon regard s'absente d'une page et se réconforte au déchiffrage de cette curieuse carte que je n'aurais, normalement, jamais dépliée : la n° 6741 du Service Hydrographique et Océanographique de la Marine, intitulée « Îles Kerguelen ».

La toponymie fait sourire : baie d'Audierne, massif Gallieni, baie du Morbihan, passe Royale... Il me vient de la tendresse pour ces hommes qui ont cru apprivoiser ces lieux sauvages en leur donnant des consonances familières. Et d'ailleurs, ça marche, une baie de la Mouche, un cap Suzanne peuvent-ils être foncièrement dangereux ?

La carte marine est une machine à rêves. Tout y est possible, au contraire des cartes terrestres où le paysage va s'organiser le long d'itinéraires obligatoires. A Kerguelen l'œil s'égare, saute d'une baie à l'autre, d'îles en îlots, revient étudier un cap, note un haut-fond au passage. La carte marine est, au départ, une liberté, un « univers des possibles », comme on dit en mathématiques. Mais en la détaillant, le paysage s'organise dans la tête. Le marin qui lit une carte est un musicien déchiffrant une partition, nos portées sont les lignes de sonde et nos triples croches des roches immergées.

Kerguelen, de prime abord, est une terre massive, avec la présence du glacier Cook dans son ouest. Mais soudain elle s'effiloche sur le pourtour, comme grignotée, rongée, déchiquetée par le vent et la houle qui ont creusé des baies comme des galeries de vers s'infiltrant vers le cœur.

Kerguelen : une pomme pourrie, un os rongé et recraché dans l'océan.

Le fond de la nuit, dans l'est, commence enfin à verdir puis pâlir. Chaque aube, en mer, est une délivrance, un combat de plus gagné contre l'incertitude. La lumière qui revient met fin aux chimères.

La côte semble d'abord un bloc, une masse mauve sombre qui me domine, malgré la distance. Plus vient le matin, plus elle prend sa couleur grise, ses mille et un gris, un nuancier, un infini de gris, plus verts sous l'effet d'un lichen, plus sombres dans l'encorbellement d'un balcon de pierre, gris profond d'une arête à contre-jour, gris tendre d'un plan lointain, gris, gris.

D'un abord compact, la falaise dévoile finalement une fragilité de demoiselle. De partout elle est érodée, sculptée, dans le bas comme une frise racontant quelques monstrueux combats, puis se dissolvant dans les hauts en une dentelle éphémère de pierre. Pointes acérées, arêtes au profil raffiné, éboulis artistement étagés, surplombs. De partout le roc avoue sa défaite contre le vent. L'ensemble est à la fois d'une austère et massive grandeur et d'une folle délicatesse.

Ce monde est minéral. Seuls y vivent les pétrels et les albatros qui planent du bout des ailes dans ces châteaux pétrifiés, sans en déranger le savant empilement.

A mieux y regarder, sur les plages, des taches plus brunes se traînassent et des amas blanc et noir semblent animés d'un mouvement régulier de houle. C'est le petit peuple des falaises australes : éléphants de mer et manchots.

A l'ouvert des baies, les plans se succèdent vers nulle part, comme dans un paysage japonais. Enfin, tout au fond, voilà ce que ma mémoire attendait : un tapis vert, qui témoigne que, jusqu'ici, une flore a voyagé sur les centaines de milles d'un océan glacial pour attendrir ce paysage de bout du monde. Par les trous des nuages, les rayons d'un soleil cru se poursuivent. Kerguelen !

Je ne sais plus à quoi je m'attendais, moi qui ne connaissais de ces latitudes que leurs mers. Me voilà instantanément conquise, touchée, émerveillée de ce mélange de sauvage et de tendre. Ici, aux confins du monde, se trouve le secret de l'harmonie.

L'escale est un tourbillon. Vite, vite, mon bateau doit retrouver un semblant de gréement et de voilure ! De l'ornithologue au médecin, les habitants éphémères de Port-aux-Français s'activent sans compter, comme s'ils étaient eux-mêmes en course ; cinquante petites heures sans sommeil, sans quasiment regarder autour de moi. Quand je me retourne une dernière fois, pour saluer le Zodiac qui m'a remorquée vers la sortie de la baie du Morbihan, je sais déjà que ces instants resteront comme des graines de bonheur. Il me tarde de revenir les faire fructifier.

J'ai attendu cinq ans que les vents soufflent dans le sens de mes rêves. Un matin sombre de novembre, l'hélicoptère des Terres Australes a déposé trois passagers circonspects, sur le sable de la baie de l'Oiseau. Le vent nous fait déjà tituber sous nos lourds sacs à dos et gronde obstinément le long de la falaise. L'arche des Kerguelen tend vers le ciel ses deux chicots noirâtres, rescapés de la monstrueuse secousse qui a vu s'effondrer son tablier, en 1913.

Le bonheur a besoin de lenteur et nous avons deux mois pour parcourir à pied les 500 km de la grande île, du nord au sud puis de l'ouest à l'est. Pendant huit semaines, nous ne sommes que trois petites puces en ciré rouge à l'attaque des longues tables de basalte empilées sur plusieurs centaines de mètres, pataugeant dans les vasières, rampant dans les cols sous l'assaut du vent, cheminant dans ce paysage minéral seulement adouci par le vol des albatros. Comme en mer, nous savons que notre liberté n'est entravée que par la loi du lieu. A nous de comprendre, de déchiffrer les couleurs du ciel ou de l'eau des rivières pour trouver notre route dans ce pays sans chemins. Le soir, dans le frêle abri des tentes, épuisés et conquis nous commentons les toponymes qui sentent un mélange de siècle des Lumières et de baleiniers anglais. Nous imaginons les étonnements, les audaces et les combats de ceux qui vinrent avant nous, sans cartes et mal vêtus, dans le dénuement des découvreurs. Nous n'avons que quelques souvenirs de lectures de hasard mais la tendresse nous vient pour ceux qui osèrent et dont nous croisons parfois les tombes abandonnées. Sans cesse revient ce nom qui fleure la basse Bretagne : Kerguelen

C'est en rentrant, dans la quiétude respectueuse de la Bibliothèque nationale, au fil des livres de bord soigneusement recopiés, des déclarations parfois étranges du procès, que je suis partie à la découverte d'une personnalité et d'un destin. Kerguelen est une énigme. Comment ce brillant officier, enthousiaste, érudit et bien noté, fera-t-il de sa carrière ce naufrage ? Sa découverte de l'île semble bien être le pivot ou, peut-être, le révélateur de son destin. Mais pourquoi ce qu'il imaginait sûrement comme le champ de sa gloire sera-t-il le tombeau de ses illusions ? Pourquoi si peu d'audace, une si mauvaise gestion de ses équipages et surtout la faute, qu'il ne pouvait méconnaître, de l'embarquement de Louison ? C'est dans les textes d'époque tout autant que de ma propre expérience de ce pays de l'ombre, que j'ai tenté d'élaborer une réponse.

Nous, marins modernes, ne partons pas les mains vides à la conquête des quarantièmes et des cinquantièmes. Nous avons la rassurante présence des cartes, des équipements et des bateaux conçus pour affronter le mauvais temps permanent, le froid, et l'expérience de nos prédécesseurs. Nous avons aussi intégré notre faiblesse, la nécessaire humilité et l'effort de déchiffrage de ces signes nouveaux, dans des mers à nulles autres pareilles. Eux venaient annexer des empires. Nous ne cherchons qu'à tracer furtivement notre route. Eux étaient animés de l'esprit de puissance de leur civilisation, de leurs techniques en pleine expansion, de leurs certitudes nationalistes. Nous avons appris que, malgré tout, nous étions faibles. C'est précisément notre force, comme ce fut, sans doute, celle de Cook. Les rêves de la société des savants de salons et des stratèges de cour, confrontés à la réalité sans concessions de l'océan austral, ont fourvoyé ce marin ambitieux qu'était Kerguelen. Pour la première fois la réalité physique, la mer qu'il pensait maîtriser, se refusait à lui. Cette expérience, qui pour d'autres aurait été fondatrice, l'a laissé déstabilisé et rendu prompt à l'erreur. Kerguelen, emporté dans l'utopie de son siècle, n'a pas été un mauvais marin, ni un lâche. Il n'a tout simplement pas su dire ce qui était, ce qu'il avait réellement vu. Il n'a pas osé casser les idées reçues et risqué de briser sa carrière. Les fables rassurantes qu'il raconte, sa fuite en avant dans le mensonge, ses recours pathétiques à l'autosuggestion ne vont que l'enfermer dans un déni du réel. Il n'a pas voulu de ces sombres latitudes et à leur tour elles l'ont rejeté.

Il reste pourtant cette île qui porte son nom. Qui peut en dire autant ! Elle témoigne, dans la clameur des cinquantièmes, de l'insatiable curiosité qui, aujourd'hui encore, nous entraîne aux confins du monde.

Glossaire

Alizé : Vent régulier régnant toute l'année dans les zones tropicales. Il souffle du nord-est dans l'hémisphère Nord et du sud-est dans l'hémisphère Sud.

Amorce : Petite quantité d'explosif puissant détonant à la percussion et provoquant la déflagration de la charge principale d'une cartouche, d'un obus, d'une mine, d'une charge de dynamite, etc.

Ampoulette : Petite fiole de verre, dont la forme est à peu près celle d'une poire longue. Deux ampoulettes, jointes l'une à l'autre par les orifices de leurs goulots, composent un sablier. L'ampoulette était utilisée pour mesurer la durée des quarts, elle était alors de grosse taille. De petites ampoulettes mesurant exactement 30 secondes étaient aussi utilisées en concomitance avec le loch pour déterminer la vitesse du navire.

Amure : Cordage ou point fixe servant à fixer une voile du côté d'où vient le vent.

Antichtone : Monde opposé au monde connu.

Apparaux : Matériels fixes servant à effectuer, sur un navire, les manœuvres et les opérations de manutention.

Appareillage : Action d'appareiller, de quitter le port ou la rade.

Artimon : Mât d'un bateau, placé devant le gouvernail et en arrière du grand mât.

Arrimer : Disposer méthodiquement, en répartissant le poids du chargement dans le sens longitudinal, transversal et vertical, et fixer solidement.

Aurique : Se dit des voiles qui ont la forme d'un quadrilatère irrégulier et sont fixées à un étai, une draille ou une corne.

Avitailler : Fournir à un navire ce qui est nécessaire à son bon état de fonctionnement (vivres, combustibles, pièces de rechange, etc.).

Bâbord : Partie gauche d'un navire.

Bâbordais : Moitié de l'équipage prenant son quart en même temps. Opposé aux tribordais.

Bas-les-branles : Dans la marine du XVIIIe siècle, disposition inverse du branle-bas, qui consiste à déplier les hamacs pour se coucher.

Basse : Cordage, généralement de faibles dimensions, utilisé pour saisir solidement un objet quelconque.

Beaupré : Mât placé plus ou moins horizontalement à la proue d'un bâtiment à voiles.

Bitton : Petite borne qui sert à amarrer les câbles, les manœuvres.

Bôme : Grand espar horizontal sur lequel sont enverguées les voiles auriques et triangulaires.

Bordé : L'ensemble des bordages de la coque, constituant ses flancs.

Bossoir : Pièce saillante placée à la proue d'un navire et destinée à manœuvrer l'ancre.

Boujaron : Mesure en fer-blanc contenant un seizième de litre pour la distribution des boissons aux marins.

Boule : Sphère en toile peinte servant aux signaux à grande distance.

Bouline : Partie du gréement dite manœuvre courante, et servant à orienter la voile de biais pour lui faire prendre le vent de côté.

Boussole d'inclinaison : Elle permet de déterminer la composante verticale du champ magnétique. Elle est composée d'une aiguille aimantée mobile sur un axe horizontal.

Branle-bas : Manœuvre qui consiste à plier les hamacs au moment du lever des équipages.

Bras : Cordage servant à orienter une vergue ou un autre espar.

Brasser : Orienter les vergues au moyen des manœuvres appelées bras.

Briquer : Frotter après lavage avec une brique (pierre de grès fin utilisée par les marins pour briquer, blanchir le pont) ou avec de la brique pilée pour nettoyer plus à fond. Laver en frottant vigoureusement.

Brisant : Ecueil à fleur d'eau sur lequel la houle se brise. Partie écumeuse de la vague.

Cabestan : Treuil à axe vertical autour duquel s'enroule un câble servant à tirer un fardeau.

Cadre : Les officiers et les malades ont le privilège de dormir sur un cadre en bois tendu de toile, à la différence des hommes qui se partagent à deux, à tour de rôle, un hamac que l'on replie dans la journée.

Caillebotis : Treillis fermant les écoutilles d'un navire ; assemblage servant de plancher, en particulier dans les lieux humides.

Cambuse : Resserre contenant les vivres d'un équipage.

Capelage : Endroit où les haubans sont fixés sur le mât.

Capeler : Entourer d'une boucle de cordage ou d'une bague.

Cargue : Cordage servant à carguer.

Carguer : Replier et amarrer les voiles d'un navire contre les vergues ou contre le mât à l'aide des cargues.

Chaloupe : Embarcation utilisée dans les ports et les rades ou destinée au service des navires.

Chambre du Conseil : Pièce à l'arrière du navire réservée au commandant et à son second. C'est aussi la pièce d'apparat, pour les dîners ou réunions officielles.

Château : Construction élevée située à la proue ou à la poupe des anciens navires et qui faisait office de défense et de protection à l'origine. Superstructure établie sur la partie centrale d'un pont supérieur, tenant la largeur du navire.

Conserve : Bateau qui fait route avec un autre pour le protéger ou l'assister.

Corsaire : Armateur, capitaine, ou membre de l'équipage d'un bateau qui pratique la course.

Coupée : Ouverture pratiquée dans le bordé d'un bâtiment pour donner accès soit à une passerelle soit à une échelle permettant de monter ou de descendre du navire.

Couronnement arrière : Partie arrondie qui surplombe la poupe d'un bateau.

Courreaux : Espace marin situé entre une île et une terre principale. On parle des courreaux de Groix ou de Belle-Ile.

Coursive : Couloir étroit dans le sens de la longueur d'un navire.

Décommettre : Terme de corderie indiquant qu'un cordage se libère de la torsion avec laquelle on l'a créé, libérant ses fils élémentaires (torons ou fils de caret).

Déferler : Déplier (une voile ferlée) en détachant les rabans qui la tiennent serrée. Se dit également d'une vague dont la crête se brise sous l'effet du vent.

Démâter : Enlever le ou les mâts selon une technique particulière ou voir le mât tomber par suite d'un accident.

Détail : Ensemble des provisions, matériels de rechange et effets des officiers. Son arrimage dans les cales est essentiel pour garantir un bon équilibre au navire et éviter des déplacements catastrophiques lors des tempêtes. Un officier en est spécialement chargé.

Draille : Cordage tendu, le long duquel peut glisser une voile.

Dunette : Superstructure se trouvant à l'arrière d'un navire, allant d'un bord à l'autre et à l'intérieur de laquelle est aménagé l'habitat des officiers ou des passagers.

Ecoute : Cordage fixé à l'angle arrière inférieur d'une voile, pour la maintenir et régler son orientation par rapport au vent.

Ecubier : Ouverture cylindrique faite dans le pavois ou dans le pont d'un navire pour le passage des chaînes de l'ancre ou des amarres, de l'intérieur à l'extérieur.

Embouquer : S'engager dans une bouque, c'est-à-dire l'embouchure d'une passe, d'un canal, d'un bras de mer.

Enseigne : Officier dont le grade est immédiatement en dessous de celui de lieutenant de vaisseau et correspond à celui de sous-lieutenant.

Eperon : Partie saillante ou renforcée en avant de l'étrave d'un navire.

Episser : Relier (un bout de cordage à un autre) en entrelaçant les torons (assemblage de brins textiles, fils de caret, ou métalliques enroulés en hélice autour d'un axe longitudinal).

Erre : Vitesse, élan acquis par un navire lorsqu'il cesse d'être propulsé.

Espar : Longue pièce de bois ou de métal utilisée comme mât, bôme...

Estrope : Anneau formé par une bande de fer ou par un cordage aux deux extrémités épissées l'une sur l'autre, que l'on ajuste dans la rainure d'une poulie, d'une moque, ou dont on capelle une vergue.

Etai : Gros cordage ou câble métallique servant à soutenir un mât de navire du côté de l'avant et l'empêchant de se renverser vers l'arrière. Une voile d'étai est une voile supplémentaire hissée sur un étai.

Etambot : Pièce maîtresse de la charpente située à l'arrière du navire et portant le gouvernail.

Etrave : Forte pièce (de bois ou de métal) qui termine la coque vers l'avant en formant la proue d'un navire.

Fanal : Feu placé au sommet d'une tour, indiquant l'entrée d'un port et les routes de navigation à proximité des côtes. Désigne également, au XVIIe siècle, les feux de navigation des navires eux-mêmes, signalant leur position.

Faubert : Balai fait de vieux cordages déliés, qui sert à essuyer le pont d'un navire.

Faux-pont : Pont inférieur situé au-dessus de la cale (partie la plus basse à l'intérieur de la partie immergée d'un navire) et qui était autrefois un plancher mobile ou ne couvrant pas toute la cale. Les matelots y tendent leurs hamacs.

Flûte : Gros navire de charge.

Foc : Voile triangulaire qui se place à l'avant d'un navire (entre le mât de misaine et le beaupré sur les trois-mâts, ou entre le beaupré et le grand mât sur les autres navires).

Fouet : Tresse ou corde résistante, souple, qu'on ajoute aux estropes de certaines poulies, au bout de certaines bosses.

Fougue : Mât de hune et vergue de hune d'artimon.

Gabarre : Embarcation plate et pontée qui sert, sur les rivières et dans les ports, à transporter des marchandises, à charger ou à décharger les navires.

Gabier : Matelot qui monte dans les hunes pour manœuvrer, visiter et entretenir les voiles, le gréement.

Gaillard : Chacune des deux parties surélevées, à l'avant et à l'arrière du pont supérieur d'un navire, avec leurs superstructures.

Galerie : Balcon en saillie à la poupe d'un navire.

Garcette : Petit cordage, par extension petit fouet employé pour les châtiments corporels.

Gîte : Inclinaison latérale d'un bateau sous l'effet du vent ou d'une cause accidentelle.

Glène : Paquet d'une corde ordinairement pliée en spirale, à tours égaux, superposés les uns aux autres.

Goémon : Mélange d'algues marines brunes des genres fucus et laminaire, récoltées sur les côtes bretonnes et normandes, que l'on utilise comme engrais ou dont on extrait de la soude et de l'iode.

Grain : Coup de vent fort, survenant brusquement, de peu de durée, et qui peut être accompagné de pluie, grêle ou neige.

Graphomètre : Instrument de mesure des angles que l'on peut utiliser horizontalement ou verticalement pour déterminer des distances.

Grande Chambre : Pièce à l'arrière du navire où les officiers prennent leurs repas. Elle est souvent divisée par des tentures qui délimitent de petites chambres pour les officiers surnuméraires.

Gréement : Action de gréer un navire ; résultat de cette action, gréer dans le sens d'équiper (un bâtiment) de tout ce qui lui est indispensable pour être en état de naviguer (voiles, cordages et poulies).

Haler : Tirer sur.

Harde : Vieux vêtement.

Hauban : Cordages ou câbles assurant la tenue latérale des mâts.

Hune : Petite plate-forme servant à faire le guet, ou des manœuvres, reposant sur les barres traversières et les pièces de bois supportant les bas-mâts. Le mât de hune est la portion de mât située au-dessus de la hune.

Hunier : Voile carrée gréée sur un mât de hune au-dessus des basses voiles.

Jottereaux : Pièces servant à assembler les tronçons des mâts.

Laminaire : Grande algue brune dont le développement entrave, parfois, la marche des petits bateaux.

Levé : Levé de plan, établissement d'un plan ; le plan lui-même. Les premières opérations de levé de plan sont faites à la boussole et orientées au nord-sud magnétique.

Liure : Cordage ou pièce de charpente servant à relier d'autres cordages ou d'autres pièces de charpente.

Livarde : Espar partant diagonalement du point d'amure à l'empointure supérieure d'une voile aurique et qui sert à la tendre sous le vent.

Loch : Dans la marine du XVIIIe, le loch est composé d'une planchette amarrée à un bout portant des nœuds à des distances précises : tous les 47 pieds et 6 pouces (soit 15,44 m). La planchette était jetée par-dessus bord durant 30 secondes (le temps d'écoulement de la petite ampoulette). Le nombre de nœuds qui filait dans la main donnait directement la vitesse du bateau. Un nœud marin équivaut à 1,8 km/h.

Machemoure : Débris de biscuit de mer dont sont nourris les hommes. Ces débris ne sont distribués que lorsque tout le stock normal a été utilisé.

Mâture : Ensemble des mâts d'un navire. Partie des mâts et des vergues d'un voilier située au-dessus du pont.

Méridien : Cercles passant par les pôles et servant à repérer la longitude.

Misaine (voile de) : Voile principale du mât située à l'avant d'un navire, entre le beaupré et le grand mât.

Moque : Bloc de bois percé intérieurement d'un trou par lequel passe un cordage et muni sur son pourtour d'une cannelure pour recevoir une estrope.

Mouillage : Action de jeter l'ancre.

Mousse : Jeune garçon qui fait sur un navire l'apprentissage du métier de marin.

Octant : Ancêtre du sextant, plus encombrant et moins précis. Il permet de mesurer l'angle d'un astre avec l'horizon.

Pacotille : Commerce que les officiers avaient coutume de faire pour eux-mêmes, bien que cela soit interdit par les ordonnances royales.

Parallèle : Cercles parallèles à l'équateur servant à repérer la latitude.

Plat : Le plat regroupe 6 à 8 hommes qui mangent dans le même plat.

Perroquet : Voile haute et carrée établie au-dessus des huniers

Pilotin : Apprenti pilote, jeune homme embarqué dans la marine marchande, en vue de se préparer aux fonctions d'officier.

Poulaines : Toilettes. Pour les officiers ce sont de petites cabines de chaque côté à l'arrière du navire qui communique avec la Grande Chambre. Pour les hommes c'est une simple planche en plein vent à l'avant sous le beaupré.

Prélart : Grosse toile imperméabilisée servant à protéger des intempéries les embarcations d'un navire, le chargement d'un véhicule, les marchandises déposées en tas, etc.

Quarantièmes (les) : Vents dominants entre le 40e et le 50e parallèle de latitude sud ; la région maritime correspondante où les tempêtes sont fréquentes.

Quart (être de... rythme de...) : Période de service, de veille sur un navire. Homme, matelot, officier de quart ; être de quart ; prendre, faire son quart ; quart de nuit. Le quart était anciennement de six heures, assuré à tour de rôle par les tribordais et les bâbordais.

Quart de cercle : Appareil permettant de mesurer des angles, particulièrement entre l'horizon et un astre. Plus cet appareil est grand, plus il est précis.

Rabanter : De raban, tresse ou sangle servant à fixer, à amarrer.

Raclette : Appareil constitué d'un manche (ou d'une poignée) terminé par une lame souple en caoutchouc et servant à nettoyer une surface lisse humide.

Rade : Bassin naturel ou artificiel de vastes dimensions, ayant une issue vers la mer, où les navires trouvent un bon mouillage.

Réa : Roue à gorge d'une poulie sur laquelle circule un câble, un cordage ou une chaîne.

Ris : Chacune des bandes horizontales d'une voile qu'on replie et qu'on serre sur la vergue au moyen de garcettes pour diminuer la surface de la voilure pendant le mauvais temps.

Sabord : Ouverture quadrangulaire dans la muraille d'un vaisseau pour laisser un passage à la bouche des canons.

Scier : Manier les avirons d'une embarcation de manière à arrêter sa marche en avant ou de manière à la faire reculer.

Sextant : Encore en usage aujourd'hui, il sert à mesurer l'angle d'un astre avec l'horizon, plus généralement tous les angles. Ces mesures étaient indispensables au calcul de la position du navire.

Souquer : Raidir ou serrer fortement. Se dit aussi pour ramer sur une petite embarcation.

Timonerie : Fonction des timoniers sur un navire. Les timoniers sont des marins spécialisés qui s'occupent de la direction d'un navire, de la surveillance de la route, de la veille, des signaux et de la transmission des ordres.

Traversier (vent) : Vent perpendiculaire à la direction suivie, qui permet d'aller et de revenir aisément, à la voile, d'un point à un autre.

Trélingage : Bridure en filin servant à rapprocher des haubans qui ont pris du mou.

Tribord : Partie droite du navire.

Tribordais : Moitié de l'équipage prenant son quart en même temps. Opposés aux bâbordais.

Vaigré : Le vaigrage est l'ensemble des planches de bordage qui forment le revêtement intérieur de la coque, par opposition au bordage, à l'extérieur.

Varangue : Pièce qui unit par le bas deux couples ou membres qui se font face et les assemble à la contre-quille sur laquelle elle est à cheval.

Vergue : Espar généralement cylindrique, effilé aux extrémités, disposé à diverses hauteurs sur les mâts et destiné à porter, à tendre la voile qui y est fixée et à faciliter son orientation par rapport au vent.

Crédits photographiques : Archives Autissier

Composition et mise en page

NORD COMPO
multimédia

Cet ouvrage a été imprimé par

FIRMIN DIDOT

GROUPE CPI

Mesnil-sur-l'Estrée

pour le compte des Éditions Grasset
en mars 2006

Imprimé en France
Dépôt légal : mars 2006
N° d'édition : 14260 - N° d'impression : 78755
ISBN : 2-246-67241-4